中央文明办 中国文明网 编

好人365故事 |青少版| |第四季|
诚实守信

河北出版传媒集团
河北教育出版社

图书在版编目（CIP）数据

诚实守信 / 中央文明办中国文明网编. -- 石家庄：河北教育出版社, 2021.12
（好人365故事：青少版. 第四季）
ISBN 978-7-5545-6826-2

Ⅰ.①诚… Ⅱ.①中… Ⅲ.①精神文明建设—人物—先进事迹—中国 Ⅳ.①D648

中国版本图书馆CIP数据核字(2021)第248929号

好人365故事·青少版·第四季
诚实守信
CHENGSHI-SHOUXIN
中央文明办中国文明网　编

出 版 人	董素山
责任编辑	汪雅瑛　王旭瑞
装帧设计	牛亚勋
制　　作	徐春爽
出　　版	河北出版传媒集团 河北教育出版社　http://www.hbep.com （石家庄市联盟路705号，050061）
发　　行	全国新华书店
印　　刷	明玺印务（廊坊）有限公司
开　　本	787毫米×1092毫米　1/16
印　　张	9
版　　次	2021年12月第1版
印　　次	2021年12月第1次印刷
书　　号	ISBN 978-7-5545-6826-2
定　　价	35.00元

版权所有　侵权必究

导读
DAODU

在读者心中播下诚信的种子

李东华

打开《好人365故事·青少版（第四季）·诚实守信》卷，第一个故事就让我双眼潮湿了：被人们称为"信义奶奶"的窦兰英，早年丧夫，晚年丧女，与小外孙女相依为命，花甲之年坚持打工赚钱，代为偿还女儿生前为治病欠下的每一笔借款，尽管并没有人主动催要。我原本以为是编辑把最打动人的篇章放在了开首，没想到后面的故事也个个感人至深。这些故事中的主人公也和窦奶奶一样，都是普普通通的人，有信守诺言反哺家乡的企业家、有开"良心药方"的实心医生、有因一句嘱托就守护红色旧居一辈子的农民……他们来自不同地域、不同行业，却都有着对"诚信"的坚守，即便生活困窘也不改其志，真正做到了像书中所说的"让爱心与善意不被辜负"。

书中的主人公们既是凡人又是英雄。他们的身上辉映着新时代的精神，也闪耀着个人奋进的光芒。当他们的事迹聚拢在一起，就像满天星聚而成为一团明亮温暖的火焰。我一边读一边想起小时候常常玩的一个游戏，那就是当和小伙伴有了一个约定，两个人就会伸出各自的小拇指拉钩钩，嘴里唱着："拉钩上吊，一百年不变。"中华民族自古以来就是一个讲究诚信的民族，这样的血脉几千年过去了，一直在我们的身体中流淌，甚至都渗透到了孩子们的游戏中。很多跟"诚信"有关的历史典故更是口口相传，耳熟能详：周幽王烽火戏诸侯、曾参杀猪、商鞅立木、一诺千金……这些生动的故事无论是从反面还是从正面，都让人看到了"诚信"对修身治国平天下的重要意义。中国古代典籍大都惜墨如金，但一谈到"诚信"又往往不厌其烦。儒家经典《中庸》说"诚者，天之道也。诚之者，人之道也"，把"诚信"放置到了天道的至高无上的地位。孔子说："人而无信，不知其可也。"在他眼中，人不讲诚信直接连做人的资格也没有了。事实上，"诚信"不但是中华民族的传统美德，今天，它也是社会主义核心价值观中公民个人层面的价值准则。无论是过去、现在还是未来，"诚信"都是国家、社会和个人发展的基石，就像俗话所说的"人无诚信不立，家无诚信不和，业无诚信不兴，国无诚信不强"。

好书用闪光的文字塑造生动立体的好人，好人用自身富有感染力的故事成就好书。现在，呈现在我们面前的《诚实守信》卷就是这样一本好书，它用简短的故事而不是冗长的说教来诠释"诚信"精神；它用朴实的文字而不是刻意的煽情来拨动读者的心弦；它用真实的细节而不是虚构的美好焕发照亮人心的力量。我们相信，诚信的种子会随着书中朴素而美好的文字，在读者的心中发芽开花。

（作者为著名儿童文学作家）

目 录
MULU

"信义奶奶"替女还债传佳话 …………… 1

用诚信赢信任　用诚信护民生 ………… 6

守护红色旧居　传承革命记忆 ………… 10

信守诺言　反哺家乡 …………………… 14

用诚信撑起的"甜蜜事业" ……………… 18

一诺千金的"崔妈妈" …………………… 23

"诚信哥"的"诚信账簿" ………………… 27

一腔赤诚助家乡 ………………………… 31

信任比金钱更可贵 ……………………… 35

良心经营助发展　金字招牌传百年 …… 40

困窘中持守的善与诚 …………………… 44

黄金有价　信誉无价 …………………… 48

难忘战友恩　大爱守军魂 ……………… 53

"老广"的人生信条 ……………………… 59

一家三口与百岁"母亲" ………………… 66

实心医生的"良心药方"……………………72

耄耋老人五退低保 重信守诺情动乡邻……78

做瓷先做人 立艺先立信…………………83

一诺千金的"举重梦"……………………89

诺言不老守青山 一腔痴诚护遗迹…………94

"天价包子"包着良心馅……………………101

绣针上的信诺………………………………105

以诚信报仁心………………………………109

让爱心与善意不被辜负……………………114

不变的不只价格 还有承诺与初心…………121

难忘约定 谱写一生"母女"情……………125

诚信办企业 温暖致富路…………………130

后记………………………………………134

"信义奶奶"替女还债传佳话

2016年6月9日农历端午，家住甘肃张掖肃南县红湾寺镇隆畅社区的68岁的窦兰英和10岁的孙女在这天吃了一顿稍显丰盛的晚餐。安顿孙女睡下后，窦兰英拿着准备好的粽子、米糕、油饼到女儿的遗像前悼念。"建民，今天是端午，妈给你准备了你最爱吃的东西。"随后，窦兰英从柜子里取出一个小本子喃喃说道："看病借的钱你别操心了，有妈在呢。你看，这本子上都记着呢，去年年底，你常姨的5000块已经还清了，再过些日子，老何的账也就马上能还上了……"数年来，只有夜深人静时，窦兰英才能和女儿说几句话。因为，天一亮，她又将踏上忙碌的"替女还债"之路。

2016年是窦兰英为女儿还债的第四个年头,老人常常念叨着,若不是当初丈夫病逝,日子也不会这么难过。

窦兰英的丈夫在1985年被病魔夺走了生命,36岁的窦兰英开始打临工、当保姆,承担起了照顾家庭的责任。2006年,窦兰英的女儿韩建民经朋友介绍,与一名外地青年相恋、结婚。可没想到,在韩建民的孩子出生28天后,女婿却丢下妻女离家出走,从此杳无音讯。看着收入微薄的女儿和嗷嗷待哺的孙女,窦兰英于心不忍,拿出全部积蓄买下一套房,跟女儿、孙女一起过日子。韩建民打工赚钱,窦兰英收拾家务,日子虽过得清苦,但一家三代倒也其乐融融。

可惜好景不长,2012年,韩建民被查出患有直肠癌。从省里的医院到市里的医院,再从市里的医院回到县城的医院,医院换了一个又一个,医生看了一茬又一茬,外债借了一波又一波,韩建民的病情始终不见好转……一年半后,医生遗憾地通知窦兰英:"准备后事吧。"2013年冬,韩建民撒手人寰,留下了年迈的母亲、7岁的女儿和10多万元的欠款……

料理完女儿的后事,窦兰英一下子苍老了许多,花白的头发变成了满头银丝。债主多是亲戚朋友,看老人凄苦,有些人便开不了口,觉得债是要不回来了。而窦兰英却默默用孙女的旧田字格本做了个小账本,她要还账!

2014年2月,窦兰英找到了以前的邻居温子华,将欠下的1500元钱交到了温子华的手中,这是韩建民去世后,她还的第一笔

诚实守信

债。面对温子华好心的询问，窦兰英也只是笑笑："剩下的钱，我一定会还给你！"几年过去，欠温子华的1万多元早已还清，但温子华却忘不了窦兰英手中的那个小账本。

平常，这个薄薄的账本跟窦兰英孙女的一百分试卷一起被保存在一个蓝色布包里，只有某些重要的时候，它才会被老人从柜子顶上拿出来使用……每还完一笔债，窦兰英就在债主名字旁边打个小勾。3年时间里，账本前半部分已经被窦兰英打满记号，12万元外债已还了近5万元。"每打下一个勾，就还完了一笔债，心里也就轻了一分！"摩挲着手里的账本，窦兰英平静地说道。

就这样，花甲之年的她当起了保姆、干上了钟点工。窦兰英干活不惜力，手脚也很麻利，洗碗刷锅、做饭缝被样样都行，县城里不少人听过她的遭遇，便主动找到她请她去家里工作。工作

之余,她还要抽出时间去照顾孙女。从自己家到雇主家,窦兰英一天来来回回要跑五六趟,时间久了,雇主家也同情她,便提出将孙女接过来一起生活,窦兰英心存感激,却无以为报,只有更加卖力地干活……

有些人看窦兰英带着孙女还债实在不易,便有了不用她还债的想法。对此,窦兰英坚决拒绝,坚持还钱给债主。"大家是因为信任我才会借钱给我,做人要讲诚信!"每次还债时,窦兰英总是会说:"拖了这么久才还,对不起。"

"人死账烂,何必如此苦自己?"期间,也有人会这样劝窦兰英,可窦兰英却不认这个理。"闺女生病时,人家慷慨地借钱给我们,是为了保住闺女的生命,虽然命没保住,但人不能昧良心,账本放在心里了,只要活着,就一定把债务还清。"就这样，窦兰英把每月节省的钱都积攒起来，一分、一角、一元地攒，缓慢而坚定地还剩下的债款。

窦兰英，一个普通的老人，暗红色外衣，灰黑色裤子，身材矮小，头上布满了银发，抬头纹和眼角纹都很重，眼神却异常坚定。山风簌簌，群山不语，愈加衬托出她诚信质朴的品格。

听好人故事

用诚信赢信任　用诚信护民生

　　凌继河，江西省南昌市安义县鼎湖镇西路村人。2009年，他放弃外地的所有生意，带着千万资产回乡创办了江西省绿能农业发展有限公司。公司先后流转土地20000余亩发展现代化农业。多年来他累计给种田能手发放了1219万元超产奖，带领群众共同致富。

　　种粮时，他给农民承诺："再亏也不能亏农民。"头三年亏了600万，但他仍然分毫不差兑现诺言。

　　疫情当前，他给群众承诺："所有大米销售全部维持原价，确保不涨价！"用实际行动践行了榜样人物的担当。

　　大年初一的晚上，凌继河在微信听闻超市、粮油店都在抢购粮油，就急忙到楼下的社区超市了解大米的销售情况。刚走进超

诚实守信

市门口，就发现门口排着长队在购买大米，而且都是抢着买，一买都是好几包。

他一见这反常的大米购买举动就问其中的一个老百姓："什么情况，怎么都一窝蜂地抢大米？"

老百姓回答道："安义县马上封城了，马上就没有大米吃了，赶紧备一些大米到家里，再不准备就没得饭吃了。"

听到这个答复后，凌继河急忙跟大家解释："封城也不可能没米吃，有没有大米吃，我还不清楚嘛，我公司仓库有几十吨大米库存，不用担心没有饭吃，而且我们国家有储备，也会启动应急储备粮。另外，安义封城是谣言，请大家不要盲目抢购，造成恐慌的情绪呀。"

老百姓听完凌继河的解释后，安心地点点头说："你是我县的全国种粮大户，有你在，我们不用担心没有饭吃。"

他回家后，听到家里的晚辈们也都在讨论外面在抢购粮

油,超市都抢空了的事情。凌继河听到后,心急如焚地拿起电话打给县委宣传部寻求快速辟谣的方法,以免造成群众恐慌。很快,他便收到了回复:"在你们公司微信公众号发出一篇保障大米供应的文章,在朋友圈积极转发,这是最快的方式。"

听完建议,凌继河沉思片刻后,在微信公众号向社会发出公告:我是凌继河,是绿能公司董事长,也是全国种粮大户。我请全县的父老乡亲不要恐慌,我公司生产的大米保证供应,各大超市均有销售,不要听信谣传,人为造成哄抢。公司郑重承诺,一、公司初五统一上班,保证大米后续有效供应。二、所有大米销售全部维持原价,确保不涨价。三、任一经销商如蓄意涨价,大家可拨打举报电话。

通告发出后,朋友圈立马传开了,百姓抢购大米的情况得到

诚实守信

了明显缓解。

同时，凌继河急忙安排公司仓管连夜开始发货，一直发至凌晨2点多，而且优先保障安义县各大超市、批发商、粮油店，保障安义县的老百姓在第二天全部可以买到大米。

一方有难，八方支援，此次疫情牵动所有同胞的心。前方有无数医护人员冲锋陷阵，战斗在疫情的最前线。自新冠肺炎疫情蔓延以来，凌继河听闻安义县在组织爱心捐赠，立马跟县防疫指挥部联系，也伸出援手，献出自己的一份爱心，捐出6000公斤大米用于抗击疫情，这些大米运往全县各乡镇场集中医学观察场所，帮助解决集中医学观察所的用餐问题，为抗击疫情贡献自己的一份力量。

同时，为有效保证疫情期间大米的需求，凌继河成立公司疫情防范小组，进行人员管控、环境消毒、疫情宣传、物资筹备等方面工作，确保公司所有的疫情防护措施做到位。

在这场没有硝烟的战争中，凌继河用实际行动助力疫情防控工作的顺利开展，展现了一名"中国好人"的责任与担当。

听好人故事

守护红色旧居　传承革命记忆

江西省赣州市大余县池江镇兰溪村彭坑小组有一座静谧的农家小院,这是一栋典型的赣南客家民居、土木结构的青瓦房,占地面积约200平方米,门额题匾上"陈毅同志旧居"六个大字遒劲有力,这是刘士华老人守护了20多年的地方。

1936年春,为加强各地的领导和便于指挥游击斗争,陈毅来到了彭坑,在村民周三娣家后山上搭棚隐蔽居住。后来,陈毅因腿伤复发,应周三娣和丈夫刘汉光的邀请来到她家中居住。在陈毅居住养伤期间,周三娣还用当地的土方法为他治愈了腿伤。

国民党军队搜查不频繁的时候,陈毅和同志们常聚在这里开会。因周三娣经常冒着生命危险,提着竹篮为游击队员送饭、购

诚实守信
CHENGSHI-SHOUXIN

买物资、探听敌情，陈毅为她取名"周篮"，游击队员们也都亲切地称她为"周篮嫂"。

刘士华老人便是周篮嫂的次子。从小在故居长大的他，对这里的一草一木都充满了感情。1936年，刘士华4岁时，国民党反动派对游击区进行了严密封锁，经常到兰溪村搜查游击队员。一天傍晚，国民党军队偷偷溜进村里，眼看进屋通知已经来不及了，周篮嫂急中生智，用石头对着路边的狗砸过去，大声叫骂道："这条狗叫什么？还不快回去，等官兵来了一下子就打死你！"陈毅听后心领神会，悄悄撤到后山。敌人进屋搜查了一阵，没发现异常就走了。

　　每每谈起母亲一次次冒着生命危险保护游击队员，刘士华总是神采奕奕、满脸骄傲，有这样的母亲，他感到很幸福。

　　在革命胜利后，陈毅、陈丕显等国家领导人仍一直与周三娣一家保持着联系，并曾在湖北、南昌等地与她的后人会面。在刘士华家的墙壁上，陈毅女儿与刘士华一家人的合影、朱德孙女来陈毅旧居参观的照片，还有陈毅的手写诗词等被放大悬挂了起来。随着生活条件的改善，当年保留下来的黑白照片、书信被精心过塑装裱，刘士华将它们整齐放置在防水的文件袋内。这些珍贵的物件，记录着陈毅、陈丕显等老一辈无产阶级革命家与周三娣一家人难离难舍的情谊，更是几十年来革命战士与百姓鱼水情深的最好见证。

　　周篮嫂在临终前交代过，当年的革命者离开时曾表示一定还

诚实守信

会再回来,所以全家一定不能离开彭坑。正是因为这句承诺,1995年退休后,刘士华与老伴拒绝了儿子在县城提供的舒适生活条件,迁居至距离旧居10米远的楼房居住,这一住就是20多年。

在这20多年里,每天起床后,刘士华做的第一件事情是清扫旧址、查漏补缺,若是有游客前来参观,他总是热情地向他们讲解那段历史。对母亲的崇敬是刘士华在旧居不懈讲解的动力。他说:"作为周篮的后代,讲好革命英雄故事,是我的骄傲。"他怕自己走后陈毅旧居的故事失传,还将故事录制下来刻成光盘,让孩子们继续传承讲述。在刘士华老人的带领下,如今,越来越多的干部、村民和志愿者成为陈毅旧居的守护者。

1984年大余县人民政府将周三娣的家定为"县级文物保护单位",并拨款进行了维修和改造升级,在保留旧居原貌的基础上,还原了周边洗衣池、连心井、隐蔽处和读报处等当时的情景,吸引了越来越多的人前来接受革命传统教育。

"我会一直坚持守护下去,如果哪一天我干不动了,就让儿子接棒。"看着历经风雨的陈毅旧居,刘士华坚定地说。

随着年事增高,刘士华老人的身体每况愈下。目前刘士华的侄子已经从老人手中接过守护陈毅旧居的任务。

听好人故事

信守诺言 反哺家乡

贺新义少年时家境贫寒，高中毕业后便外出务工。1994年，他贷款买了一辆大巴车，开始从事驻马店至深圳的客运业务。其间，他亲眼看到了不少来坐车的农民工，因找不到工作被逼无奈流浪街头，想回家却没有钱的窘境。贺新义彻夜难眠，一种强烈的家乡责任感在他的心中升腾。

经过深思熟虑，贺新义组织愿意到广州、深圳务工的农民工，然后与广州、东莞、深圳等大企业谈好为他们输送工人。为了招到工人，贺新义骑自行车走村串户，苦口婆心地向乡亲们宣传外出打工的种种益处，一来可以学到技术，二来可以大大增加收入贴补家用。慢慢地，乡亲们终于放心跟着贺新义一起南下打工。

诚实守信
CHENGSHI-SHOUXIN

工人招到了，然而头疼的事情也接踵而来。当时银行没有实行全国通兑通取业务，乡亲们挣的工资不能及时接济家用。有的家里有病人，有的急等着盖房子娶媳妇，为了解决这一问题，贺新义就常常给他们捎钱回去，渐渐地，捎钱的人越来越多，最多时一次带回几十万元，捎钱的信封就装了一麻袋，贺新义冒着风险把麻袋放在自己返回驻马店的客车上，小心呵护，到家后再由公司员工按名单挨家挨户送到捎钱人的亲人手中，从来没出过一次错误。有时，天下着大雪，他也坚守诚信，在第一时间将捎回来的钱及时送出。贺新义成了家乡外出务工人员的依靠，也成了村民最信得过的人。

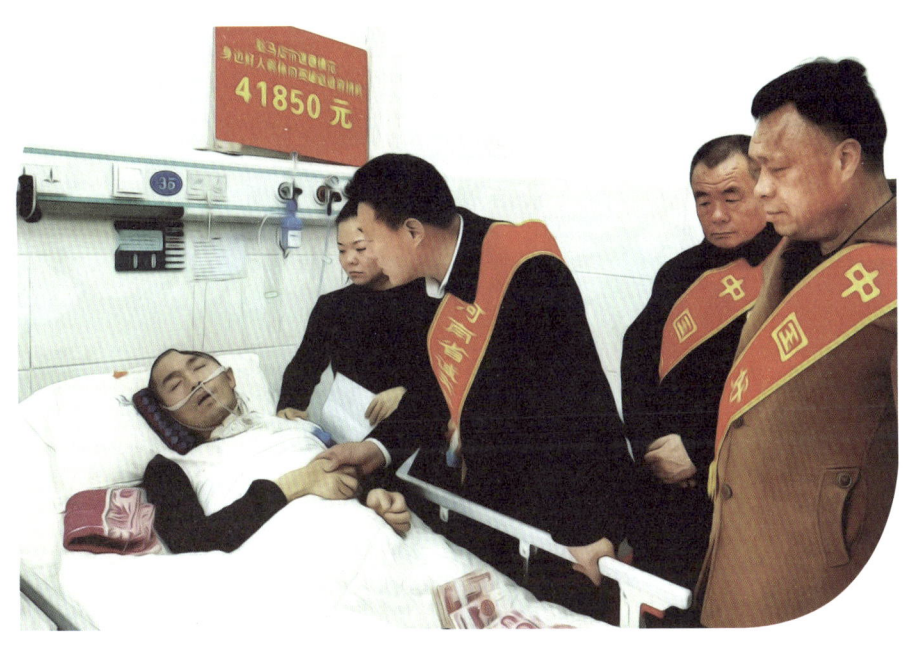

1998年11月18日，贺新义的父亲肺癌晚期，贺新义的扶贫车队组织了600多名乡亲准备出发，临出发前，他到医院看望父亲，父亲已不能说话，但是，父亲眼角流着泪拉着贺新义的手久久不愿松开，希望孩子能留下来陪陪他。"爹，孩儿不孝，不能留下来陪您了，600多名乡亲已经坐上车，咱不能食言，说好的今天一早出发，时间不能改了。"贺新义哭着对父亲说。

贺新义把父亲托付给哥哥后，流着泪与父亲告别。到深圳刚下车，哥哥就打来电话说父亲已经走了，贺新义还是坚持把每一个乡亲都安排进厂后，才回去处理父亲的后事。

在贺新义的办公室里有三幅字，一幅是诚信是金，一幅是德行天下，一幅是舍得。贺新义说，信誉是靠自己拼出来的，他始终把这三幅字作为他做人的原则。20多年来,贺新义从1辆大巴到39辆大巴的车队,为家乡困难的外出务工人员减免车费达5000余万元,累计输送160多万人次到南方就业,带动3000多个家庭走上脱贫致富路。在贺新义所带的农民工中,如今已有2000多人成为企业骨干,300多人实现了自主创业。

这就是贺新义,一个精准扶贫的"领头雁"。为了实现大家共同富裕的目标,他诚实笃厚,宁肯自己多付出,也不让乡亲们失望,只要对乡亲们承诺过,即使自己吃亏,也决不食言,以自己诚实守信的品德成为乡亲们的"贴心人"。

听好人故事

用诚信撑起的"甜蜜事业"

"80后"姑娘郑欣，2014年在老家山东省济宁市兖州区颜店镇驻地开了间烘焙店，取名"天福蛋糕房"。小郑凭着自己的勤奋、热情和骨子里那股厚道劲，小店的生意越来越红火。丈夫在外打工，公婆照顾孩子，她独自支撑小店，日子辛苦而快乐。

2015年腊月的一天，"天福蛋糕房"像往常一样开门营业，在处理完前一天的几个订单后，小郑看到手机屏幕上弹出的一则信息显示："支付宝到账12000元……"这则信息让小郑紧张起来，哪来的这么多钱？半年前，小郑刚刚学会使用支付宝，与供货商进行的大多都是小额交易，少则几百块，多则一两千元，而且是只付不收，怎么一下子多了这么多钱？小郑冷静思考后，排

诚实守信

除了电信诈骗的可能，猜测是有人粗心把账户搞错了，才把钱转给了自己。随后，郑欣通过反复查看支付宝交易记录，终于确认了这笔钱的来源——一位济宁的供货商，自己曾去他店里进过几次货，双方只留存了彼此的手机号码。

望着账户里凭空多出的1万多块钱，小郑陷入沉思，一件往事涌上心头。2014年，一心想要创业的小郑相中了这间蛋糕房，在和店主进行店面转让过程中，店主承诺免费教授她制作各式糕点的技术。小郑想尽各种办法终于凑足了本钱把店盘了下来，可没想到，钱一到手，奸猾的店主便溜之大吉。小郑这下傻了眼，一没技术二没经验，生意怎么办？为了能让蛋糕店早日营业，郑

欣只能上网搜索教学视频,到处请教师傅,一遍一遍地摸索尝试。那段日子,小郑既盼顾客登门又怕顾客登门。由于店主的言而无信,小郑多走了大半年弯路,如今店里的生意才刚刚有了起色。

现在,一道"良心考题"也摆在了郑欣的面前——

"诚信是生意的根本,也是做人之本,咱绝对不能拿这昧心钱……"她的想法得到了全家的支持。小郑马上拨通了那位供货商的电话:"刘经理,您刚刚是不是用支付宝给客户转了一笔钱?"

"是啊,你是怎么知道的?"对方接到郑欣的电话时是一头雾水。

诚实守信

"是这样,我刚收到一笔您转来的款项。可我们最近没有生意往来,所以我想您可能是把账号搞错了,你再核实一下吧……"

几分钟后,刘经理给小郑打来电话:"不好意思,是我搞错了,能不能麻烦您……"对方急切的语气中带着一丝担忧。

郑欣马上听出了对方的顾虑,赶忙说:"您放心,这钱我不会要的,我把地址告诉您,您抽空来我店里一趟吧。"小郑觉得只有当面解决才算稳妥,免得再节外生枝。

第二天,刘经理急急忙忙来到小郑的店里,向她说明了情况。原来,刘经理手机里有位客户与郑欣重名,当时着急没仔细核对其他信息就把钱转了出去。郑欣搞清楚问题的缘由后,二话不说就将12000元转到了对方账户。刘经理想拿出1000块钱表示感谢,被郑欣婉言谢绝了。她说:"做生意讲诚信为本,赚良心钱、干净钱,哪能贪图昧心钱呢?"

郑欣退钱的事被当时来店里的顾客听到了,于是,这件事便在小镇上传开了,大家纷纷对她竖起了大拇指,还有人跟郑欣开玩笑:"傻姑娘,这钱又不是你偷的抢的,不要白不要……"小郑听后只是笑笑,她知道再多的钱也换不来心底的踏实。

如今,小郑仍快乐而辛苦地忙碌着,每天来店里的客人络绎不绝,大家都喜欢这个勤劳善良的姑娘。小郑说:"金钱固然重要,但诚信才是人生最宝贵的财富……"这是这位"80后"姑娘心中最朴素的经商之道，更是她的做人之道，郑欣用诚信撑起了手中这份"甜蜜的事业"。

听好人故事

一诺千金的"崔妈妈"

1998年的一个夏日,在印刷厂打工的崔永兰,不幸被飞速运转的机器吞噬了4根手指。幸运的是,倔强的她并没有向命运屈服,而是通过自主创业闯出了属于自己的一片天地。

在与残疾人接触的过程中,崔永兰感受到,相对于肢体残疾人,智力、精神障碍的残疾人就业机会更加渺茫。怎样才能帮助这类特殊人群走出家门、融入社会呢?2014年12月,在青岛市残联、市北区残联的大力支持下,崔永兰着手注册创建市北区春雨残疾人辅助性就业中心。2015年4月,中心成立,并开始招聘以智力、精神障碍为主且有一定工作能力的残疾人员。

崔永兰在中心"因人设岗"设置了一系列残疾人就业工作岗

位，并配备适合残疾人工作的车间、教育培训室、康复娱乐室等个性化设备设施。中心成立了，怎么才能让家长放心地把待在家里多年、不愿接触社会的孩子送来呢？面对心存疑惑的家长们，崔永兰再次承诺："请家长们放心，我会把他们当成自己的孩子一样尽心照顾好！"

一诺千金，说到做到。每天早上，崔永兰总是第一个到，用微笑迎接每一个前来学习、工作的孩子，并带领技术指导老师手把手辅导孩子们学习纸袋穿绳、纸盒成型、印品封装、折页以及工艺品制作等技能。

考虑到这些残疾孩子的不同实际情况，崔永兰的春雨残疾人辅助性就业中心采取弹性工作制，每天工作时间4至6小时，可自主选择，这让残疾孩子有了归属感，有时都过了下班时间，仍然舍不得离开。

现如今，春雨残疾人辅助性就业中心已招聘录用了45名残疾人员，全部为智力、精神障碍及重度肢体残疾的孩子，并与他们签订为期3年的正规劳动合同,每月按时足额为残疾孩子发放工资、缴纳社会保险,春雨就业中心俨然成为一个集培训、工作、康复、公益为一体的温馨家园。

就业中心的45位残疾"孩子"平均年龄超过30岁,但他们却不约而同地把年仅40多岁的崔永兰唤作"崔妈"。他们心中的崔永兰,年龄上虽为姐姐或阿姨,实际上却更像妈妈一样给予他们最真切、最深厚的关爱。

在崔永兰的倾情付出下,45名残疾孩子在家不仅愿意跟父母沟通了,还会主动抢着干家务活儿。看着与以往判若两人的孩子,家长们欣喜若狂。

英国物理学家霍金曾说过:"无论命运有多坏,人总应有所作为,有生命就有希望。"而这也正是崔永兰最钟爱的一句话。她也把这种人生态度传递给她的残疾孩子们。在"崔妈"崔永兰的感染下,残疾孩子们经常参加志愿服务、公益项目和社会活动,笑容也成为他们每个人最常见的"表情包"。

承诺无言,落地有声。崔永兰如最初允诺一般,履行了自己对家长的承诺,她为45个孩子注入了前行的动力和勇气,治愈了他们的心灵创伤。爱心的火把正在熊熊燃烧,一路传递,经久不灭。

听好人故事

"诚信哥"的"诚信账簿"

"人不能做昧良心的事。"一直反反复复说着这句话的老汉,就是山东省威海市经济技术开发区桥头镇河西庄的"诚信哥"邹德波。"诚信哥"的由来还要从2016年的一场意外事故说起。

2016年3月,弟弟邹德洪在出海时意外遇难,邹德波在整理弟弟遗物时发现了几张欠条,他突然意识到弟弟原来还有几笔债务未还。通过向村委、邻居打听得知,弟弟生前竟欠下了11.45万元的债务。

原来,在2014年的春天,弟弟邹德洪在山上开辟出一片地方来养鸡养鸭,为了快速清除一堆杂草,邹德洪点着了杂草。由于天干物燥且风大，火势迅速蔓延引发大火。大火烧毁了邹德洪的养鸡场，也烧毁了村民种植的树苗，同时也让邹德洪背上了10多万的欠债。为了尽早还清债务，邹德洪只好选择到远洋船上工作，不想却遭受了意外。

弟弟没有妻子儿女，老母亲老年丧子，精神受到刺激。债主们鉴于弟弟家的情况，都不好意思张口要，私下都觉得钱肯定是

"打水漂"了。邹德波把弟弟欠债的情况摸清后，觉得弟弟人虽然走了但账不能赖，不能让人家指着脊梁骨骂这一家人不诚信，作为哥哥应该出面替弟弟还清债务。可是十几万对邹德波来说不是个小数目，他自己家庭条件并不宽裕，但最终，邹德波下定决心，当着村支书的面向大家承诺："我会想办法，就是砸锅卖铁也会替弟弟把钱还上！"

让人没想到的是，过了几天，弟弟生前船主的代理人联系到邹德波，说保险公司能赔偿一笔身故赔偿金。邹德波得知后松了一口气，他一面照顾母亲，一面积极争取邹德洪的死亡赔偿款早日到位，主动替弟弟偿还债

诚实守信
CHENGSHI-SHOUXIN

务。那段时间里,邹德波四处奔波,出面协调保险公司,到处跑手续,到村、派出所、镇政府开证明,到公证处办公证。当拿到赔偿金后邹德波做的第一件事就是还钱,他第一时间打通了村支书的电话,希望通过村委会的帮助把钱还给邻居们。

农村邻里之间借钱往往凭信任,不留字据。在弟弟邹德洪的债务中,有三笔没有留下字据。这没留字据的欠款该怎么办?只要对方能将事情讲清楚或者有证人,邹德波都一分不差地将钱还给对方。有人问邹德波担不担心有人会虚报欠款,他说:"大家都是邻里乡亲,都老实本分,我相信他们。"就这样,不管情况多么复杂,邹德波把十几万欠款都一一核对还清,邻居们拿到钱后都夸他是一个讲信用、有原则的人。邹德洪生前还欠村里一笔土地租金，因他孤身一人，往往都是几年付一次，因故离世时已有五六年的欠款，邹德波不推诿，积极地还上了租金。邹德波说："这些钱是我弟弟用命换来的，他人不在了，我决不能因为这些欠款给他留下骂名、留下遗憾。"

邹德波家里摆着雷锋的相片和写有"向善尽孝"警句的摆件，他笑着说："这些话看着容易，做着难。"邹德波用自己的实际行动，践行了诚实守信的好人精神。

听好人故事

一腔赤诚助家乡

大学毕业后，纪云鹏面临着一个艰难的选择，是读研究生还是工作、赚钱、还债？最后他还是选择了赚钱。他一个人背着行李离开陕西，到山东、东北闯荡天下。毕业后半年，还清了家里债务，甚至给同学钱买传呼机。工作5年后，纪云鹏考上研究生，到北京读书。毕业后，在互联网、医疗、新媒体领域有了多年职业经理人的经历。

在北京工作多年后，如何能够为家乡做点事情，成为他经常考虑并交流的话题。每次看到当地农产品卖不出去、瓜果蔬菜烂在地里的报道，都强化了他帮助家乡做点事情的想法。

2018年6月，还有一些去年的苹果没有清库，陕西洛川乡果合作社的社员们有些着急。这时候，果农们不约而同地想到了一个人——延安大美杰夫电子商务有限公司董事长纪云鹏。关键时刻，大家能想到纪云鹏，是因为这些年他靠诚信赢得了果农的信任。

作为一名从延安小山村走出的成功商人，纪云鹏一直把为家乡卖苹果当作责任。2011年，为了助力家乡的农业发展，纪云鹏创建了具备完整资质的经营性互联网平台——乡果网，牢牢抓住苹果品质管理，并把"提高农民收入"作为企业经营的理念。到目前，已经累计销售洛川苹果数万吨，为果农实现收入近2亿元。洛川老庙镇果农宋玉祥说，多年来和他打交道的果商有两三千人，纪云鹏是他遇到的最讲诚信的果商。

在洛川老庙镇，凡是和纪云鹏打过交道的人，都说他是个实在人，在他身上完全看不出商人逐利的本性，说好的什么价就是什么价，果农都愿意把苹果卖给他。他一般都会加价5%~10%收购合作社社员的苹果，2016年，他更是以每公斤高于市场价2元的协议价格收购苹果，让果农多挣了100万元，而自己少赚了100万元。

在推广延安苹果的过程中，纪云鹏把"带动农民致富"作为一项重要的企业经营理念来贯彻。对农民采取"优质优价"的原则，加价收购，提高农民收益。对滞销产品进行媒体资源挖掘促销，减少农民损失。对于服务的客户，则以满足客户需求为最高准则。经过6年努力，所有客户将乡果网苹果卡视为高品质的保证。

作为农家子弟,纪云鹏最能体会农民的不易,一直想方设法为家乡多卖苹果。2016年12月,由陕西省政府、延安市政府与阿里巴巴联合主办的"互联网+革命老区电商峰会"在延安召开,极大地提升了延安苹果的知名度和网络销售量,这就是纪云鹏为父老乡亲所做的实事。

"授人以鱼不如授人以渔",如今,纪云鹏通过身体力行,

在延安开展农业电子商务培训,他希望能够帮助大家掌握一项技能,利用互联网的便利带动家乡父老一同致富。

听好人故事

信任比金钱更可贵

"老板你真是个好人!"小廖接过投注站老板姚美华递过来的彩票时,感动地说。这张彩票可不是普通的彩票,而是一张价值564万元的中奖彩票。2018年4月19日晚,小廖通过微信转账委托姚美华购买双色球彩票。开奖后彩票还没拿到手,小廖就知道自己中了巨奖。他怀着忐忑的心情发微信告诉姚美华,面对这不记名、随时可以兑换的大奖,姚美华毫不动心,立刻让小廖到店来取。

等待时,姚美华很紧张,小心翼翼地保管着中奖的彩票,一会拈在手上,一会放在包里,一会又锁进抽屉,生怕自己弄丢。毕竟是500多万啊!

小廖来后,姚美华把中奖彩票装在红包里递给他。看小廖接

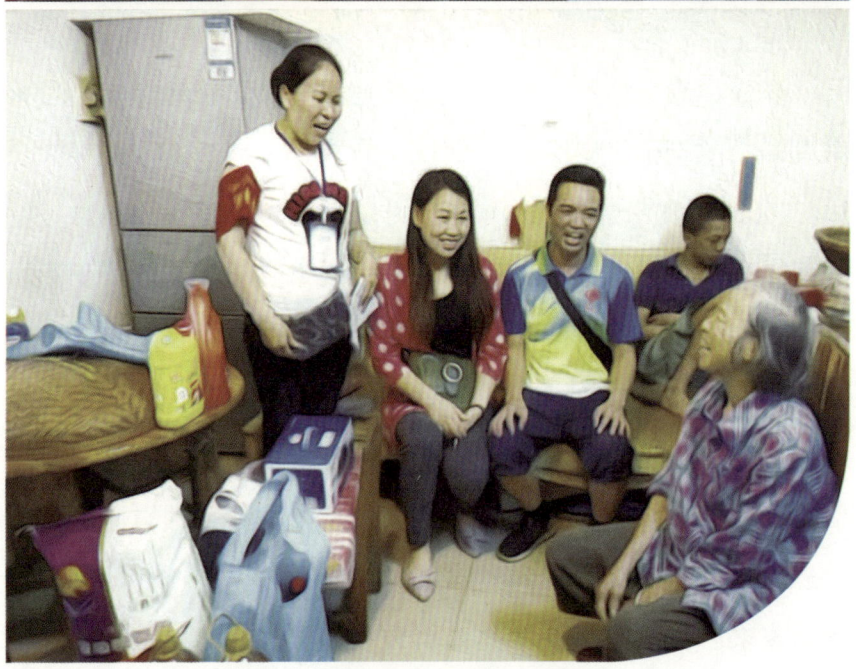

诚实守信

过后就塞进了裤袋里,姚美华又不放心地叮嘱他骑车时小心彩票掉出来。看着笑容满面的老板娘,小廖由衷地感慨:"老板,你真是个好人!"

这件事情传出去后,有人说姚美华傻:"中奖彩票在自己手上,这564万元不就是自己的了?"

姚美华却说:"做福彩最讲究的就是诚信,讲诚信才能长久地经营下去。这也是我做人的原则和信念。"

姚美华组建了一个微信群,平时跟彩民朋友聊聊彩经、探讨一下投注号码。很多彩民信任姚美华,经常微信转账给她,让她帮买彩票。要是中了大奖,姚美华会立刻通知彩民来店里拿彩票;若是中小奖,姚美华就帮忙兑奖,再通过微信把奖金发给彩民。

"讲诚信,值得信任。"是彩民李先生对姚美华的印象。中了奖,姚美华总是马上就把奖金转给大家,从不拖欠。对于姚美华面对564万元不起贪念的事情,李先生一点也不觉得吃惊,他说姚美华就是那样的人。南宁福彩投注站的业主周冰说,面对巨款有人会经不住诱惑,但姚美华守住了底线,守住了职业道德,她是诚信经营的典范,也是彩票行业从业者的楷模。

面对彩民和同行的赞誉,姚美华一再谦虚地表示这没什么:"换了是其他人也会这么做的,这是最基本的职业道德。"

从事福彩行业的这么多年里,姚美华早已和许多顾客成了无话不谈的朋友,经常来玩的彩民都已经是姚美华的"自己人"。退休的汤老师就是姚美华投注站的常客。2017年,汤老师突然接连有好几天都没来店里，姚美华觉得奇怪，打听过后才知道汤老师住院了。随后，姚美华便和老公一起前去医院看望。姚美华说："见到汤老师的时候，他已经说不出话了，但是他还认得我，点着头，眼泪就流出来了。那一刻，我就觉得很感动。卖彩票卖到这个情分上，真的比什么都值了！"

有一次，一位姓黄的老教授买完彩票后把自行车落在了店门外。姚美华晚上关门时看到了自行车，认得是老教授的，就把车放到店里保管。第二天老教授早早来到彩票店，看到姚美华把车推出来，非常感动。老教授说，自行车虽然很旧，不值钱，但是儿子上初中就开始骑的，跟着孩子很久，非常有纪念意义。

"大家都是自己人，我也就是顺手收拾保管而已。"姚美华笑着说。

正是这样一件件微不足道的小事，让姚美华与彩民从买卖关系变成了相互照应的朋友，与周围的街坊邻居们互相融入了对方的生活里。他们相互倾诉、相互帮助、一起商量办事，结下了深厚的情谊。姚美华说，这是一笔宝贵的"财富"，虽然辛苦，但是很值得！

在同行的眼里，姚美华还是位热心人士。平日里她热衷于参加公益活动，是该片区投注站业主的领头羊，一有时间就同大家一起，到社区看望孤寡老人、贫困户，慰问自闭症孩子，为弱势群体献爱心。

独居的高龄老人陈奶奶一直是姚美华的牵挂。陈奶奶上了

诚实守信
CHENGSHI-SHOUXIN

年纪后行动不便,子女都在外地,一个人住在年代久远的老房子里,姚美华知道后就经常和社工一起去探望她。陈奶奶说,姚美华隔一段时间就会到家里坐坐,和她聊聊家常,陪她在附近走走,活络筋骨,逢年过节还带来大包小包的礼物。陈奶奶笑着说,端午节她送给自己的东西都还在那里,一个人吃不完。难得能有年轻人这么热心。

从事福彩行业20年,姚美华诚信经营,服务周到,对彩民和街坊邻居真诚、热心。她对诚信的坚守,不变的初心,赢得了周围朋友的认可和赞扬。

听好人故事

良心经营助发展　金字招牌传百年

人无信不立，业无信不兴。说起陕西咸阳的李鑫和他的"乞丐酱驴"公司，还有一段鲜为人知的故事。

100年前，李鑫祖上曾免费为上门乞讨的灾民提供驴肉和肉汤，善行义举一时被传为美谈，"乞丐酱驴"因而得名。如今，李鑫仅在咸阳市就开了4家"乞丐酱驴"分店，并坚持着"诚信经营，童叟无欺"的理念。

"乞丐酱驴"也有加盟的门店，凡是要加盟的，就必须按照李鑫的要求来经营。他为此制定了一系列的严格管理准则，要求员工对客人热情亲切，不允许同客人争辩论理，满足客人一切合理的需求。

诚实守信

李鑫明白,当前在餐饮业经营上,顾客意见最大的就是以次充好、短斤少两、价格虚高等问题,意识到这一点,就抓住了问题的关键。他认为,做事、经营企业就像做人,"乞丐酱驴"要让一人吃千次,绝不能让千人品一回。

李鑫制定的标准不高,道理深刻,员工一听就懂。现在,"乞丐酱驴"的顾客稳定、销售稳定,公司运行良好。"乞丐酱驴"的加盟店也由咸阳市辐射到周边的城区,服务和质量受到顾客普遍好评。

"诚信是金",李鑫一直记在心里。短短10年时间,他就将一个祖传手艺做成了餐饮品牌。他经营的公司拥有毛驴养殖基地、肉食品加工厂、4家直营餐饮店、75家加盟店,解决了650多

人就业，年营业额突破7000万元。

致富不忘乡亲，真情回报桑梓。"乞丐酱驴"公司从2014年加入咸阳市民营企业家协会后，积极参加协会组织的慰问残疾人、资助贫困大学生活动。2017年春节，李鑫为长武县亭口镇的18家贫困户送去慰问品；2017年6月，李鑫为旬邑县店子河村捐款1万元，用于建设贫困户幸福院项目……

长武县亭口镇二厂村村民王军军以前靠天吃饭，只能种地。自从李鑫开始指导他养驴，养5头驴一年就有2万多元的收入。提到生活的改变，王军军都会满脸笑容，常常和别人说："多亏了李总的帮助，否则我也过不上这么好的日子。"

帮助孤寡老人修建房屋、为村民修路捐款、慰问残疾人……

总之，只要知道谁家有困难，李鑫都会给予帮助。每年得到他资助的村民至少有15家。

"乞丐酱驴"公司积极参与全省"万企帮万村"精准扶贫行动。2016年5月4日，"乞丐酱驴"公司和长武县扶贫办签订了《产业扶贫招商协议书》以及《产业扶贫合作框架协议书》，启动总投资1.3亿元的"乞丐酱驴"驴业产业扶贫全产业链重大项目，分别在亭口镇二厂村和昭仁街道杏坡村建立养殖示范村，采取"企业+合作社+贫困户+残疾人"的模式，解决当地贫困群众就业问题，帮助他们致富增收。2017年，该公司共为当地贫困户、残疾人分红120.59万元，安置贫困户、残疾人就业85人，带动915家贫困户脱贫。

"一个公司的发展壮大，不应该一味地追求经济效益，社会效益更加重要。"李鑫说，"公司将继续弘扬优良传统，用诚信经营换来群众的信赖，并帮助那些需要帮助的人。"

听好人故事

困窘中持守的善与诚

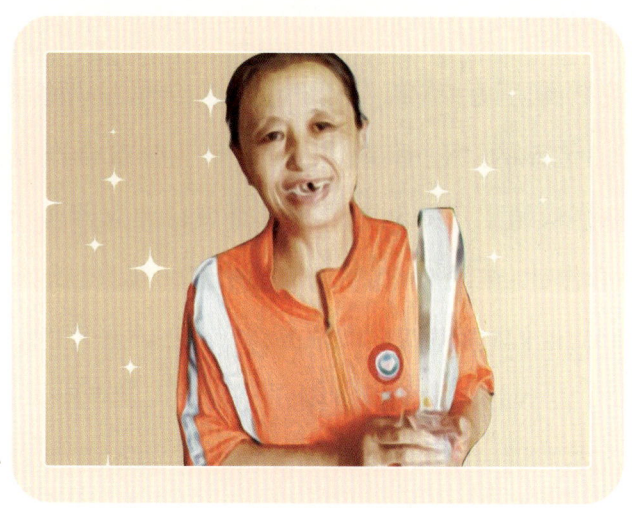

几年前,张殿芳全家生活在吉林省大安市,家里有房有地,生活十分幸福。然而,2012年7月30日,张殿芳的丈夫被确诊为骨髓造血功能障碍,治疗需要一大笔费用。为了给丈夫治病,张殿芳变卖了家中的房子和地。2015年,为了方便丈夫治病,一家人从大安搬到长春,张殿芳找了一份环卫工的工作。

在不足40平方米的小屋里,只有一张床、一个炉灶、一台老旧的小电视和一堆杂物,连件像样的家具都没有。就这样,儿子儿媳打零工养家,而张殿芳每个月的工资都用来给丈夫买药治病,一家人的日子就在挣钱和治病中反复循环。

工作上,张殿芳踏实肯干、任劳任怨,平时她的话很少,在

诚实守信

完成本职工作的同时,同事遇到困难,张殿芳都愿意施以援手,深得领导和同事的信赖。在她所负责的辖区街道中,有一段路很特殊,道路两旁都是一家家寿衣店,这段路也是她每天凌晨3点工作的起点。很多同事劝她,换一个男同事来吧!但是为了离家近更方便照顾丈夫,她还是选择坚守在这段路上。

张殿芳的邻居大多是她的同事,大家了解了她的情况后,自发将家里干净的旧衣物送给她,这让张殿芳倍感温暖。她的班长甚至特意为她开了"绿灯":在不耽误工作进度的前提下,可以灵活调班。张殿芳却婉言谢绝了,她不愿给其他同事带来麻烦,她所负责清扫的路段,只有自己亲力亲为才安心。

2016年5月9日下午2点多,在大经路与四道街交汇处,张殿芳像往常一样工作。突然,她看到人行道的一个空调箱下方有个黑包,便走到跟前捡了起来。她用手一拎,包还挺沉,于是拉开拉

锁，只见里面装的全是成摞成摞的钱，红晃晃一片，她吓得赶紧拉上了拉锁。她不敢数里面究竟有多少钱，就死死抱着包。她赶紧给班长打了电话，问班长在哪里，自己有急事找她。

几分钟后，张殿芳抱着包来到了班长所在的仓库，她额头直冒汗，一脸的着急。她把包递给班长，说自己很害怕。

班长打开包，看到里面全是钱，有的成摞成捆，有的就那么随便堆在一起。班长问张殿芳："你怕啥啊？"

张殿芳答道："谁要是丢了这么多钱，还能活啊？得赶快找到失主啊。"

两人立即将情况汇报给了队长。随后，环卫处领导也来到了现场，大伙决定把这个包送到派出所去。之后，派出所民警和环卫工们一起到一家银行，现场对钱款进行了清点，派出所梁警长说："好家伙，近9万元啊。"通过包内的相关证件，民警很快找到了失主，将遗失的钱物如数归还。

诚实守信
CHENGSHI-SHOUXIN

张殿芳拾金不昧的事迹感动了身边很多人,她的同事说:"张殿芳家里情况一直不好,9万元对她来说可以解决很多困难,但是她所考虑的是失主丢失9万元的心情,不是自己的钱一分也不要。"

张殿芳拾金不昧的举动,让她获得了很多荣誉,但她每天依旧准时出现在自己辖区的路段,为城市的干净美丽贡献自己的一份力量。

听好人故事

黄金有价　信誉无价

陆宗琴的父亲是一名共产党员、省级劳模。陆宗琴从小就受到父亲诚实做人、坦诚待人良好品德的熏陶。工作后，她更是把这一份良好品德倾注在了工作上。在她看来，诚信既是个人毕生的修养，也是门风和店风，要从大处着眼、从细节抓起，从源头杜绝商业欺诈，顾客的口碑比金山银山更重要。

陆宗琴说，黄金珠宝不是普通商品，有的具有特殊纪念意义，有的要传子传孙，还有的要投资增值，来不得半点虚假，必须货真价实，让消费者感到物有所值，甚至物超所值。所以，在她的珠宝行里，每一件翡翠玉器都是正宗的A货，件件都有江苏省南通市质量技术监督局出具的鉴定证书，也决不搞标价虚高打折

诚实守信
CHENGSHI-SHOUXIN

的"商业噱头"。

黄金及其饰品行业的行规是计量精确到小数点后三位数，陆宗琴则只精确到小数点后两位数，把多余的部分让利给顾客。有一年春节前夕，有位顾客花2000多元钱买了一副钻石耳钉，当班营业员前一天因事请假不知道当天有打八五折的促销活动，还按原来的折扣收了款。陆宗琴了解情况后，马上派专人冒着大雪挨家挨户寻找这名顾客，把多收的100多元钱送上门去。她表示，对待顾客再小的事也是大事，珠宝可以打折，信誉不能打折。

早在2000年，陆宗琴向深圳某珠宝公司进购一批黄金饰品。不料，供应商忙中出错，竟然多发了6公斤，按当时的金价估算，市值近百万元。面对这笔"飞来横财"，陆宗琴毫不动心，迅速打电话询问。谁知对方董事长毫不知情，当事人也不承认多发了货。双方争论不休尚无结论时，她就果断把多收的货按价汇了款。

对方感动之余，破例给陆宗琴最惠待遇：1000万以内可以先发货再收款。陆宗琴在业内的信誉也不胫而走。有一次，深圳某珠宝供应商慕名发来5公斤铂金饰品，令陆宗琴倍感诧异，因为他们之间素无业务往来，不过陆宗琴还是让员工按照规定完成了验收、付款流程并上柜销售，就这样双方持续合作了几年。后来，陆宗琴在一次行业交流会上才第一次见到该供应商的总裁，她问对方，为何如此"冒失"地相信她，对方平静地答道："在我们圈内，谁不知道您的为人啊！"

无比信赖陆宗琴的还有上海好几家老字号珠宝供应商，其中一家已是连续13年不离不弃的"黄金搭档"。央企中国黄金集团，在上海仅有两家代理商，陆宗琴的珠宝行则是两家之中唯一的民营企业。2012年，陆宗琴的珠宝行获评"诚信中国最具价值十大品牌"。陆宗琴视员工为企业的第一财富，给她们应得的待遇，从不借故拖欠工资，即使在企业困难时也不例外。陆宗琴公司旗下有家化工厂，是10年前斥资近亿元创办的。她断然拒绝了回报率高但环境污染大的合作者，执意要办成零污染的研发型企业。由于投资回报期很长，要承担连年的战略亏损，但她从未亏待员工，薪酬如期兑现。

2010年，化工厂面临停产转型，50多名工人就地待命，而此时，有机食品、家纺等几个关联企业项目同时上马，企业出现了前所未有的资金紧缺。然而，陆宗琴独自承担了巨大压力，没要政府一分钱，不向社会甩包袱，当机立断贷款，先给工人发工

诚实守信

资、交"五险一金",同时紧急调整资金提前还贷渡过难关。这些工人"白拿"近两年待遇,感激之情难以言表,他们纷纷表示一旦新项目开工,将义不容辞、风险同当,以实际行动回报大爱大善、至诚至信的女掌门。

多少年来,陆宗琴始终恪守"言必行,行必果"的行为准则。2007年,海门成立慈善会,她当即认捐100万元,并当场拿出10万元,以后每年兑现10万元,至今已如期兑现。2013年,她成立了春蕾班,资助了20位贫困学童,并主动要求经办人不向受助者透露捐助人情况。

一次去参加家长会时,陆宗琴发现有名学生衣裳单薄,冻得直发抖。经了解后知道其是特困生，她当场把随身带的钱全拿了出来，并承担了他所有的学习费用。近年来，她还为数十万农民大病医疗保险买单，捐出40万元帮助特困生完成学业等。陆宗琴已经成为贫困学生的爱心"妈妈"、孤寡老人共同的"女儿"。

陆宗琴偶然间认识了一个外地女孩，听说因为长期分居两地，准备和海门的老公离婚，陆宗琴劝女孩冷静下来考虑清楚。女孩决定来海门工作，陆宗琴又帮着给女孩缴养老保险、买自行车。

像这样的好事，几十年来陆宗琴也不记得到底做了多少件。

"早已经习惯了，帮助别人似乎成了自己的一种本能。"陆宗琴说，"如果我们每个人都做正能量的事，这个社会肯定会更加美好。"

听好人故事

难忘战友恩　大爱守军魂

1982年10月，18岁的陈荣从江苏南通农村来到浙江杭州，开始了他的军旅生涯。

张建华烈士与陈荣是同一个村、同年入伍的战友。到部队后，张建华被分配在五连，陈荣被分配在六连，1984年又一起随部队开赴老山前线。到了前线后，陈荣和张建华作为同乡相互有个约定，两个人都在遗书中把自己的父母托付给了对方。

当时，陈荣随所在部队赴前线作战时，他作为"硬六连"尖刀班八班副班长，与战友们一起成功偷袭了被敌占领的138阵地。因战功卓著，陈荣所在连队荣立集体一等功。然而，战争是残酷的，在战斗最激烈的时候，张建华英勇牺牲了。战争结束后，张建华的父母来到部队，痛不欲生。陈荣当时对他的父母说："建华牺牲了，我就是你们的儿子。"

1987年，陈荣退役后被分配在江苏南通一家无线电厂任保卫科长。但不久后工厂濒临倒闭，陈荣揣着仅有800元的下岗补助，只身来到湖南。在做业务员、推销员的过程中，他敏锐地发现湖南是个文化大省，洞察到了乐器市场的前景。于是，他在长沙一条叫走马楼的小街上开起了一家经营乐器的店面。创业之初为了节约成本，他凡事亲力亲为。

炎炎夏日、数九寒冬，他蹬着三轮车在长沙的大街小巷跑业务兼送货，几年下来他用温厚真诚的笑容赢得了客户。有了一定的原始积累后，1995年，他拿出所有积蓄投资成立了"长沙市海韵琴行有限公司"，然而，公司成立之初因缺乏经验，一批"纠纷"产品让海韵颇遭议论。公司成立伊始，便有了信誉危机。

为了诚信经营和信誉，陈荣通知所有购买了此产品的客户，该换的换、该退的退。这么做有人不理解，但陈荣认为失去诚信就会失去一切。虽然这场危机让海韵损失巨大，但在处理危机时表现的真诚与责任感，得到了顾客和厂商的信任。

陈荣公司的规模越来越大，成了多家知名品牌代理商，并向长沙平和堂、友谊等大型商场渗透，连锁店开到了湖南各地州市。现今，海韵在全省有12家连锁店，成为全国知名乐器经销商。

30多年来，陈荣始终坚守对牺牲战友的承诺，代替张建华为

诚实守信

其父母尽孝。刚开始他经济拮据,只能经常去探望安慰两位老人,帮助做一些力所能及的体力活。后来陈荣下岗外出创业打拼,不能经常陪伴老人,但他坚持写信、打电话关心两位老人的日常生活。平常只要回家乡,他就第一时间去看望两位老人,特别是逢年过节都会送上礼物慰问,

对两位老人嘘寒问暖,尽量做到一个儿子能做到的一切。每年清明节前,不管工作有多忙,陈荣都会雷打不动地赶回家乡,悼念在老山战斗中牺牲的19名如东籍烈士,探望烈士父母亲人,并带去慰问金和慰问品。

2002年清明节前夕,陈荣回到如东后,得知张建华的弟弟因下岗而情绪低落,两位老人急在心里不知道该怎么办。于是,陈荣又担当起做哥哥的责任,与两位老人一起开导弟弟。经过开导,弟弟终于重新振作起来,现在把家庭经营得非常好,也改善

了两位老人的生活条件。陈荣不仅在物质生活上关心照顾两位老人，更注重在精神生活上对两位老人的关爱。两位老人逢人便说陈荣比亲儿子还亲，他们在情感上也真正把陈荣当作自己的亲儿子。他们牵挂在外创业打拼的陈荣，经常给他寄去家乡的土特产。

2014年，陈荣出资组织了硬六连参战老兵和烈士家属重返老山活动，了却了战友们和烈士家属几十年的心愿。特等伤残军人一等功荣获者展亚平，因哥哥早年去世，留下的儿女要展亚平抚养。陈荣得知后一直给予资助，直到展亚平条件改善才停止。

多年来，陈荣始终坚持资助与其生死与共的伤残战友，支持部队建设，并资助20多名贫困学生完成学业、捐建希望小学等。陈荣始终认为他这条命是当年的战友们给他留下的，做什么都是应该的。

2002年6月，陈荣去湘潭连锁店检查工作，一个小女孩在琴行练钢琴，问其为什么不在家里练。小女孩告诉陈荣，她叫沈诗哲，家庭条件十分困难，是邻居姐姐免费教她学的钢琴，根本买不起钢琴。陈荣当即表示，愿意借一台琴给小女孩，"你书读得好，琴练得好，琴就给你"。2004年，沈诗哲以优异的成绩被武汉音乐学院附属中学录取。当接到录取通知书的一刻，她高兴之余又为每年1万多元的学费犯愁了，陈荣随即又承担了沈诗哲每年的学费。沈诗哲没有让陈荣失望，学习成绩一直名列前茅，2008年以专业全国第一的成绩被英国皇家音乐学院录取，此后她又考

诚实守信
CHENGSHI-SHOUXIN

取世界最著名的德国汉诺威钢琴学校继续深造,并多次在国际钢琴大赛中获金奖。目前,她已成为一名年轻有为的钢琴家。

2002年10月,国防科大一名学员带着长沙福利院孤儿姚翠经过海韵琴行门口,她被琴声吸引住了,陈荣得知情况后,特地让员工将一台价值八千多元的钢琴送到福利院,并请来专业老师教她学琴,2005年,姚翠被一对美国夫妇领养,临走前一天,她来到海韵琴行,拉着陈荣的手久久不愿松开。

2004年,陈荣陪部队老首长在贺龙元帅故居参观,看到孩子们还在简陋的危房上课甚至失学,于是决定筹资修建一所希望小学。2006年9月16日,以陈荣曾经所在连队命名的"英雄硬六连赤溪希望小学"终于落成,开学典礼上,贺龙元帅之女贺晓明激动地说:"陈荣为老区的孩子们做了一件大好事,为贺龙部队争了光。"多家媒体对此进行了详细报道。

近年来，陈荣多次参加文化精准扶贫，在湖南省筛选出100名贫困家庭儿童，帮助贫困儿童实现音乐艺术梦想，所有的费用由海韵承担，使贫困家庭儿童也能享受到高雅艺术的熏陶。他还先后捐助了1000多万元在湖南举办各类音乐大赛、音乐会及培训班，为湖南培养和挖掘音乐艺术人才做出了贡献。

陈荣几十年如一日所做的一切，足以感动社会每一个人，这就是一个既平凡又不平凡，行走在雅俗之间的有血有肉、有情感的诚实守信的"好人"。

听好人故事

"老广"的人生信条

做生意讲良心，做公益献爱心。这是新疆昌吉州奇台县广联六福超市总经理"老广"的人生信条。正源于此，他诚信经营的同时，创办了广联爱心联盟，二十多年如一日扶贫帮困，赢得了社会的赞誉，奇台县的群众听到"老广"的名字都竖起大拇指。

大家口中的老广其实本名叫吴捷辉，因为他是广东人，叫老广更加亲切，久而久之，"老广"竟成了他的代号，吴捷辉对此毫不介意，在他看来，"老广"这个称呼比吴总听着更舒坦更亲切。多数奇台人都知道"老广"，不仅是因为他是到奇台做生意的广东人，还因为他做公益是出了名的。

吴捷辉办公室的两面墙上都挂满了锦旗，有几个锦旗无处可挂，只得两三个锦旗层叠地摞着挂在一起，橱窗里的荣誉证书和奖杯也摆得满满当当。办公桌前的椅子上有一大摞崭新的儿童穿的棉衣、棉裤，这是他从康居社区的维吾尔族残疾人大妈手里收回来的，一件40块钱，她做了100件，吴捷辉全买了，他想着，到时候捐献给贫困家庭的孩子，这样不仅大妈有了4000块钱的收入，贫困家庭的孩子也可以过个暖冬。

吴捷辉来到奇台已经有30多年了，但始终乡音未改，广东是他的第一故乡，奇台是他的第二故乡，这两个地方都是吴捷辉最热爱的故土。生活在奇台，还说着广东话，也是为了时刻提醒自己不要忘本，不要忘了家乡。

提到家乡，吴捷辉总能回忆起1988年离开老家广东揭西时的情景，那时候他只有24岁，只因他的亲戚在新疆做生意，亲戚告诉他："新疆特别美，你来新疆做生意吧！"就这样一句简短的话，吴捷辉便义无反顾来到新疆。又听说奇台人实诚、民风质朴，他直接选定奇台县，不曾想他竟扎根在奇台，娶妻、生子，有了自己的事业，吴捷辉觉得人生足矣。

民间有句话："有潮水的地方就有潮人，有钱赚的地方就有潮商。"从古至今，在纵横捭阖的物资市场里，自然不乏潮商的身影，而吴捷辉就是其中之一。初到奇台，满眼都是石子土路和破旧的平房，他并没有被眼前的萧条景象吓退，而是敏锐地嗅到了商机。他来到古城饮料厂进行食品加工，绿豆糕、糯米饼……这些南方的小吃一经上市，竟征服了地地道道北方人的味蕾，他

诚实守信

们生产的这些小吃销到了周边县市的大小商超。后来，企业倒闭，他决定自己开超市。

1991年，吴捷辉揣着500元钱，赊了一间13平方米的土房子，取名为"广联商店"，他的超市就正式开张了。从此他便走上了经商创业之路，"老广"正式走进奇台县老百姓的视线。他始终恪守着潮汕人做生意的八字方针"薄利多销，诚信经营"，努力打拼，从一个13平方米的小商店发展成为现如今113平方米的超市。

每天一开门，吴捷辉就会直奔货架将货物归置整齐，随手拿起抹布将蒙了一点灰尘的货物仔细擦拭干净。超市商品上全部带有"广联专营"的标签，标签上的价格和服务电话一目了然。

"贴标签就是为了让消费者明明白白消费，如果买到假冒伪劣产品好投诉，有些人觉得我是多此一举，在我看来宁可苦了自己也绝不欺骗消费者。"吴捷辉认真地说。

超市旁就是奇台县人民公园,奇台人民买贵重的烟酒都会首选广联六福超市。大家说,因为这里的商品都贴着标签,"老广"有假一赔十的承诺,从那里买贵重烟酒大家都很放心。

有一次,吴捷辉给碧流河镇西戈壁村陈晓龙的商店送货,回家一算账,陈晓龙多付了50元钱,他又专门折回去给陈晓龙送回。有一年春节,顾客把装着近万元的现金和重要证件的包落在了超市里,他想方设法联系到该顾客,将钱包还给失主后,失主感激万分,第二天送了一面写着"诚信待客,品德高尚"的锦旗。

这样点点滴滴的事例在吴捷辉的诚信经营中还有很多很多,他正是靠着这种可贵的品质,将事业一步步做大、做强。以德立身,实现了信誉与利润的双赢。

当吴捷辉在生意上辛勤打拼的时候,没有忘记用自己的力量去温暖周边需要帮助的人。达则兼济天下,他用善行义举生动诠释了这一颠扑不破的精句良言。

这些年,吴捷辉已经记不起自己到底出过多少钱,帮助过多少人,扶多少困境中的人上马并送一程。记忆里最深刻的一次是1993年,一位女子带着孩子到他的商店里买东西。吴捷辉上下一打量,这两个人衣衫褴褛,穿的鞋子几乎都没有鞋底了。看着这样凄惶的情景,吴捷辉心里的同情瞬间溢满了胸膛,当即他就给这个小男孩买了衣服鞋子。一番交谈后才知道孩子的母亲叫古

诚实守信
CHENGSHI-SHOUXIN

丽,是奇台县五马场乡青海村的牧民,家里生计举步维艰。从知道之后,吴捷辉给这个家庭捐款捐物的脚步就再也没停下来,甚至将自己结婚的新家具大立柜也一股脑拉到古丽家去了。后来,想着授人以鱼不如授人以渔的他,将自家货品无偿赊给古丽,帮她在青海村开了一家小商店维持生计。现在,她家的日子已经好太多了,2011年吴捷辉去古丽家的时候,看到当年拉到她家的那个柜子上半截已经破得没有了,但她们没舍得扔,还在用着。情义绵延近20年,那个已经破旧斑驳了的立柜无声地记录了吴捷辉扶弱济困的善举。

如果说对周围人无私的付出是小爱,那么对于国家发生的每一次伤痛，吴捷辉每一次的善行都是大爱。2011年4月14日，吴捷辉与妻子正在商店打理生意，青海玉树发生大地震的消息突如其来。他当时就顾不得手头的生意，想着得赶紧给灾区的人们做点什么才好。他匆匆合计了一下当日货款现金有1000多元，仍觉不够，索性将存给孩子上学的教育基金存折也拿了出来，两个加在一起有2500多元，没有再耽误一下的他马不停蹄地顶着中午的大太阳赶到县红十字会，将现金和自己无比的牵念与祝福一起送到了远方的灾区。这样的善行不胜枚举，据不完全统计，从九十年代以来吴捷辉主动捐助抗震、抗旱、抗洪等各类捐款达18万余元，真真切切地诠释了"老广"的大爱无疆。

吴捷辉用自己微薄的超市收入无私地担负起一次又一次的奉献，使得周围的爱心人士深受感染。于是2013年5月，在奇台县红十字会的帮扶下吴捷辉发起成立了广联爱心联盟，凝聚起了来自人大、政协、各界模范人物、企业代表的爱心力量，随时准备为更多需要帮助的人伸出更有力量的援助之手。到2018年，广联爱心联盟开展帮扶贫困户、献爱敬老院、为贫寒学子撑起一片天、民族团结一家亲等各色各类的活动将近100余次，捐款捐物合计人民币约70万元。2016年3月，广联爱心联盟众望所归地荣获了"奇台县社会公益活动先进集体"的称号。

一分付出一分收获，吴捷辉付出的点点滴滴，都被这个社会所记住。当办公室里被红闪闪的锦旗和荣誉证书所淹没的时候，当80%的奇台人都能认识他并亲切喊他"老广"的时候，当他被冠

诚实守信

以道德模范人物、爱心人士等一系列荣誉的时候……所有来自社会的感激让他更有力量在公益的路上高擎温暖的火炬。

"财富终归是来自社会的,帮助别人是我不可推卸的职责。让一切人和事都变得美好,是我最终的愿望!"吴捷辉认真地说。

听好人故事

一家三口与百岁"母亲"

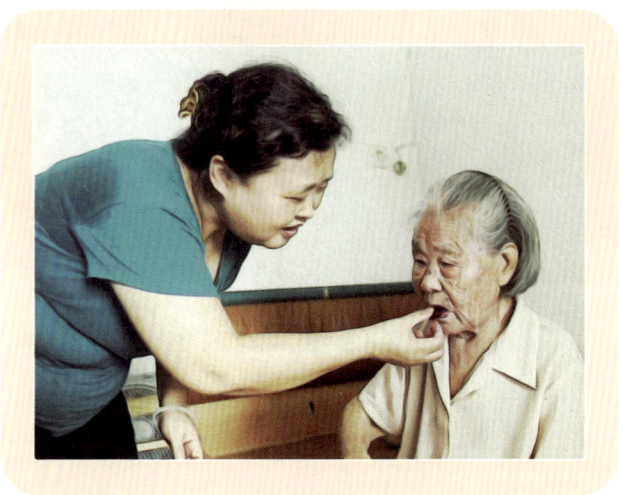

在江西南昌发生了这样一段超越血缘的情感故事。

20多年前,76岁的独身阿婆徐雪英搬进了仅有十几平方米、被她一手带大的熊桂兰家,帮忙免费照顾熊桂兰未满1岁的女儿。如今徐雪英已过百岁,熊桂兰一家践行当年为老人养老的约定,悉心照顾徐雪英。老人现在不仅生活自理、身体健康、乐观开朗,还能做一些简单的家务活。

"当年她养我和我女儿的小,如今我们一家人养她的老,是天经地义的事。"熊桂兰从出生开始,就与徐雪英结下了缘分,她希望老人能健康长寿,家里会一直照顾她,在熊桂兰和家人的心中,早已把徐雪英当成了一家人,能够为她养老是他们的福气。

当年,熊桂兰刚出生没多久,就被母亲抱到了徐雪英家。当时两家还是邻居关系,熊桂兰的母亲是一名纺织女工,在20世纪60年代,纺织女工都是一星期早班,一星期中班,一星期晚班,这样三班倒。由于家里的孩子比较多,母亲不得不早早回去上班。熊桂兰才出生56天,母亲就要回到工作岗位。那时候徐雪英的丈夫去世了,她就和熊桂兰的母亲说:"放在我家,我来帮你带。"

就这样,熊桂兰出生不久就在徐雪英的身边生活,一直到了3岁,她才被接回父母身边。后来,徐雪英和第二任丈夫回了农村,两家人就断了联系。10多年后,徐雪英从农村又回到了南昌,两家人又开始有了走动。因为小时候一直跟着徐雪英生活,所以熊桂兰跟她很亲昵,经常去看她。

渐渐地,熊桂兰长大成人,和母亲一样,成了一名纺织女工,工作非常忙碌,女儿出生不到1岁,她就不得不上班工作。为难之时,她想到了小时候带她长大的婆婆徐雪英。那时候徐雪英的丈夫已去世,她又过起了一个人的日子,平日里靠给沿街店铺打扫卫生维持生活。

当熊桂兰提到要她来家中照顾女儿时,徐雪英说如果帮忙照顾孩子,自己的工作就没了,也没有办法生活。于是,徐雪英与熊桂兰约定搬到家里来住,帮忙照顾她女儿,也不要熊桂兰一家付工钱。

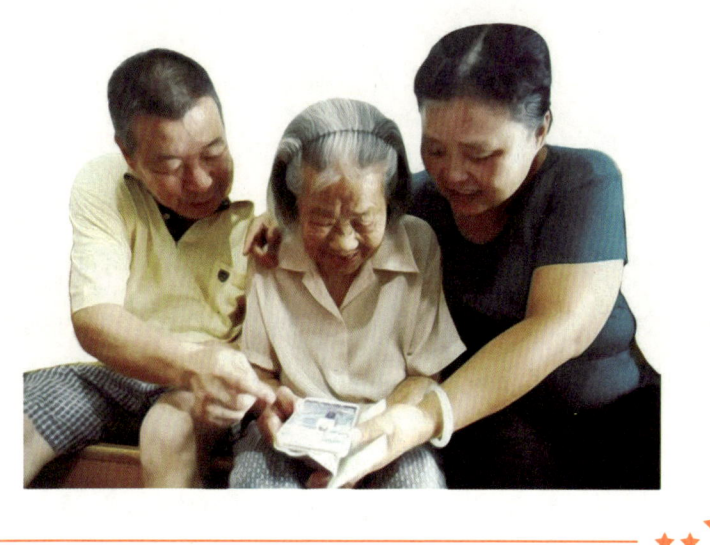

那时熊桂兰家里也过得困难,确实付不起婆婆的工钱,一听这个建议,觉得可行。当即她和丈夫就向徐雪英表示:"我们给您养老。"

之后,"两家合成一家",婆婆徐雪英从租住的房子搬到了熊桂兰家,一间只有十几平方米的房子,还是单位临时给员工住的。徐雪英和孩子睡一张床,熊桂兰和丈夫睡一张床,中间就隔着一个帘子。

熊桂兰说,徐雪英是个精明能干的女人,性格开朗,这么多年过去,从没见她生过气,也没见她骂过一次人。按照现在的说法,说她是一个"女强人"也不为过,只不过过去动荡的年代使她成了一个苦命的女人。

诚实守信

如今,尽管婆婆徐雪英已经过了百岁,但她依然身体健康,是个"闲不住"的人,有时候家里其实已经挺干净了,她还是会拿墩布这里拖一下、那里拖一下,主动找活干。熊桂兰说:"婆婆的衣服从来不让我们洗,有时候我们洗衣服,跟她说顺便将她的也洗了,婆婆却不让。"

更幸运的是,徐雪英这么多年从来没生过大病,到医院打吊针的次数都很少。相比较而言,熊桂兰和丈夫的身体反而要差许多。2000年前后,她和丈夫都得了场大病,住院治疗。尽管病好了,两人身体却每况愈下,需要天天吃药。熊桂兰说丈夫近几年有一次没有任何先兆地晕倒,到了医院却查不出原因。最近还检查出他的脚骨坏死,需要动手术,行动也开始不方便。

尽管熊桂兰和丈夫每天需要吃药,但依然还是会关心徐雪英的生活作息,她说丈夫比她要细心得多,有时候饭煮得硬了,看到徐雪英吃少了,他会记得下次煮得软一些。

此外,徐雪英开朗的性格也一直感染着整个家庭。熊桂兰说,自己和女儿的性格直爽开朗,多多少少受到了婆婆的影响。

虽然邻居都知道熊桂兰家住着一个婆婆,但没人知道他们是没有血缘关系的。遇到陌生人介绍徐雪英的时候,她都会直接说:"这是我婆婆。"

其实,熊桂兰也有无奈,她和丈夫的身体已大不如前,几乎每天都病恹恹的,现在仅靠退休金生活,女儿还在上学,尽管日子过得清苦些,但还是挺快乐幸福的。这种平衡一旦被生病住院

打破，就会有些力不从心。由于夫妻二人生病，甚至有人反对她继续奉养老人，她丝毫不放在心上："婆婆的长寿，是她的福气，也是家里的福气！"

熊桂兰一家已经和徐雪英生活快30年了，彼此之间早已成了亲人。她说，婆婆带大了她，也带大了自己的女儿，如今给老人养老是再正常不过的事。有时候她还会跟徐雪英打趣："别人活到102岁都需要晚辈这样或那样，几乎不能自理，你现在不但能够自理，有时还帮我们干干小活。"

"女儿从小就和太婆婆一起生活，每次回来都会和太婆婆拥抱、亲吻，离家时，也会拥抱、亲吻太婆婆，然后说'要好好的哦，等我回来哦，回来我再陪你哦'。"熊桂兰说。如今，一家人能够快快乐乐地在一起生活，她觉得是件很幸福的事情。

徐雪英永远是他们眼中最可爱的婆婆，大家都希望她能够继续带着福气长寿下去。

听好人故事

实心医生的"良心药方"

每天一大早，江苏省徐州市中心医院儿科诊疗中心主任医师徐晓军的门诊前都会排起长队，这些患儿家长中不乏有人凌晨就来挂号，秩序井然，个个耐心等待。

仔细洗完手，戴好听诊器，徐晓军开始迎接守候在门诊外的患儿家长。

徐晓军为何能受到这么多患儿家长的信任？答案是他坚守了30多年的"良心药方"。

从小，徐晓军就梦想能穿上"白大褂"。他苦读外语和化学，1983年，他如愿考入南京医科大学儿科系。大学毕业之前，徐晓军进入苏州儿童医院新生儿科实习，初出茅庐的他认真细致，写得一手好病例，很快得到领导和同事的认可。

实习期最后一天，科室主治医生姚英锋突然找到徐晓军，让他独立去抢救室值夜班。对于一个还在实习期的医生而言，无论从临床经验还是应急反应，这都是一项困难的考验，徐晓军心里打鼓，但面对挑战，他选择迎难而上。

入夜，面对着眼前12个重症病儿，徐晓军忐忑难安。好在凭着之前勤恳累积的经验，他迅速平复心绪，全心投入到患儿的救护中，量体温、吸痰、滴药、监测体征，一切在忙碌中有条不紊地进行……

时间不知不觉过去，天色放亮，抢救室里的一夜安然度过，阳光透过窗帘照入病房，孩子们的睡颜宛若天使。看着这些被病魔折磨的小生命，年轻的徐晓军第一次体会到医者的责任和意义——守护孩子的健康，就是守护祖国的未来。

那一夜，徐晓军坚定了干儿科的决心。

"不让患者多花一分钱，不让孩子多受一分罪。"这是徐晓军的座右铭，从医30多年，他诚信行医，坚持开"良心药方"，不该用的药坚决不用，不该挂的水坚决不挂。患者们常说，找徐医生，"花小钱"就能看"麻烦病"。

一次，一名女士抱着孩子走进诊室。她告诉徐晓军，宝宝刚满月，上周由于拉肚子在别的医院住院一礼拜，现在又拉了，一家人手足无措。

"男宝宝还是女宝宝啊？""哺乳用的是母乳还是奶粉？"

徐晓军一边耐心地询问，一边仔细查看患儿此前住院时的检验单。

"孩子拉肚并非乳糖不耐，也不是细菌感染。"徐晓军告诉她，给宝宝服用糖盐水和益生菌就能解决。

"不需要开药打针？不然开点消炎药也行啊。"对于徐晓军开出的"药方"，女士有点迟疑。

"你的观念一定要改变啊！你是带孩子来看病的，不是来开药的，不开药就能治好病，不好吗？"徐晓军告诉她务必要放心，孩子腹泻是过敏所致，用不着抗生素。

随后，徐晓军又给这名女士详细讲解了婴幼儿腹泻、咳嗽、发烧时的家庭护理方法，并嘱咐她母乳里含有锌元素，宝宝目前

虽然拉肚，但最好坚持用母乳喂养。

走出诊室，女士连连感慨："以前真是不懂，徐医生教的家庭护理方法简单好学，能吃药不输液，能不吃药就不吃药，孩子少受多少罪啊！"

不仅如此，找徐晓军看病，有时甚至"不花钱"。家住宿州的高启明带女儿找徐晓军看病已经不是第一次，5年前，身边的亲朋好友给她推荐了这个医术精湛人又实在的儿科医生。孩子6岁的时候，在家里总是大口叹气，她不放心，就带着孩子挂了徐医生的号。进入诊室后，徐晓军先是仔细检查了孩子的体征，询问过基本情况后，并没有着急下定论开药方，而是先让孩子在一旁玩耍。

刚开始，高启明不明所以，后来她发现，原来这期间徐晓军一直在暗中观察着孩子。过了许久，徐晓军询问道："孩子没叹气啊，是不是最近生活有什么压力？比如上了过多补习班？"

高启明一下子恍然大悟，意识到是自己每天逼着孩子弹琴造成的！高启明哭笑不得。这次经历让她对徐晓军的细致和耐心无比敬佩。"徐医生对待所有患儿都像对待自己的孩子一样认真负责！"

"儿科很特殊，绝不是成人的缩小版，但儿科用药往往要依靠医生凭借临床经验折算成人用量，药物的副作用无法精确折算，无形中给儿童用药带来很多风险。"徐晓军说，人体自身的免疫系统可以调理百分之六十的疾病，对儿童来说，这个比例更大。

然而，儿科长久以来是打针输液的"重灾区"，儿童不会表达，儿科也被称作"哑科"，所以医生跟家长的沟通尤为重要，徐晓军认为，"过度求医"大多出于家长的心态问题，而作为医生，有义务引导家长转变观念。

几年前，一名年轻家长带着患急性胃肠炎的孩子来就诊，徐晓军仔细诊治后，根据孩子的病况教授了家长详细的护理方法，开药的费用仅十几块钱，家长不高兴了，质疑道："这么便宜的药，能治病吗？"

徐晓军再三劝说，家长还是坚持要给孩子输液，甚至把他投诉到了门诊部。但当天下午，孩子的病情果然依照徐晓军的诊治好转，家长不但向徐晓军赔礼道歉，还自此成为众多"军粉"中的一员。

2015年年初，徐晓军毅然申请成为徐州市中心医院优质医疗资源下沉"先驱部队"的一员，每周固定时间来到泰山社区医院坐诊。他的到来不仅受到了附近居民的广泛欢迎，还吸引了许多

诚实守信
CHENGSHI-SHOUXIN

周边县市区的患者到此就诊,每到他的坐诊日,社区医院门前经常排起百米长队。

"只要我还穿着一天白大褂,我就会一直这样做下去。"下了班,徐晓军倚在靠背上,拧开他的保温杯,痛痛快快地喝了几大口泡了一天的茶。此刻,原本嘈杂的门诊渐渐安静了下来,他说,耳边没有了孩子们的哭闹声,这茶似乎也少了几分味道。

听好人故事

耄耋老人五退低保　重信守诺情动乡邻

"我是来捐款的。"2020年1月31日,江苏省宿迁市泗洪县四河乡雪二新村党支部门前,85岁的中国好人孙正海捐出自己大半年省吃俭用攒下来的2000元钱,为打赢疫情防控攻坚战贡献一分力量。他笑着说:"将心比心,政府为咱百姓办实事、办好事,咱老百姓要懂得感恩、要知道反哺。"

2003年8月26日,孙正海老伴突然胸部剧烈疼痛瘫倒在地,家人及时把她送到县人民医院急救,医院确诊为胆囊癌。老伴住院治疗一年多,孙正海天天陪护在医院,片刻不离病床,但终因病情严重无力医治,老伴撒手人寰。那时,他为老伴治病花光了家里的积蓄和五个子女给的钱,家徒四壁。

诚实守信

谁也没想到的是,孙正海在老伴走后自己又患上了直肠癌。看着膝下的儿孙,孙正海下决心要与病魔作斗争。或许是他的坚强,或许是他对美好生活追求的执着,他竟奇迹般地从死亡线上挣扎了过来。面对为他治病而借的债务,孙正海对儿孙说:"人要讲信用,不论我们多难,也一定要把债还上。"

在那段时间里,身体稍好一点儿的孙正海天天守在菜地里,精心呵护着每一棵大白菜,省吃俭用积攒每一分钱,渐渐还上了债务。可孙正海没想到的是,2006年10月,他的大儿子竟也查出患了肺癌。真是一个晴空霹雳!这让本就命运多舛的孙正海又陷入新的生活磨难之中。为医好儿子的病,孙正海四处求医,东挪西借,巨额医药费再次让他的家庭负债累累。而他的大儿子,最终也因病情恶化离开了人世。更让孙正海没有料到的,当他在失去儿子的悲痛中还没有完全走出来的时候,他的大儿媳又患上乳腺癌。面对这一次次打击,孙正海真的心力交瘁了。

2014年1月,村委会综合考虑孙正海家庭的实际情况,为他办理了村低保保障。有了这笔生活保障金,孙正海一家总算渡过了生活最难关口,他深切感受到党和政府的温暖,也真正体验到低保保障金对困难家庭的重要作用。他在心中暗暗承诺,一定要想方设法还清债务,只要生活一好转,他就退出低保。

生活在艰难地继续着,而孙正海对美好生活的追求却没有变,埋藏在他心中的还债承诺也时时提醒着他,他一天天翻着借债的记录本,盘算着如何还清债务。

孙正海在家精打细算、省吃俭用，一日三餐，油盐酱醋，他都一遍一遍从脑子过，决不浪费一粒米、一滴油。衣服破了，他就让大儿媳用针缝；要洗澡了，只要不是太冷，他就决不进澡堂；逢年过节，他另外的四个儿女来孝敬他，他就把这孝敬的钱积攒下来，加上俩孙女寄回来的钱，一笔一笔还给人家。他就是这样不停地积攒着每一分钱，不断地偿还每一笔钱，到了2017年，他终于偿还了所有债务。他长长舒了一口气，长年紧皱的眉头也渐渐舒展开来。这个时候，他又想起了退低保的承诺。

诚实守信

2017年11月，孙正海第一次向村委会提交退出低保书面申请。他说，他现在生活好转了，每月可领取养老金、尊老金、离任村干部生活  补助资金、土地租金等共计725元，已超过了农村最低生活保障标准，他要把低保名额让给真正需要低保的人。村委会综合考虑孙正海家庭困难情况，未同意他退保。为此，孙正海一次次找村支书，找村委委员说明自己退保理由，直到2018年5月，他第五次提交申请，并向村委会表明了自己的心迹。

看着孙正海执着的样子，村委委员第五次为他召开了表决会议，最后同意了孙正海退保。在他的感召下，同村的张效翔也果断上报组织退出了低保，决心用自己的双手勤劳苦干，脱掉贫困的帽子。孙正海五退低保的事迹被当地百姓口口相传，他的举动受到了四野乡邻交口称赞。

如今，孙正海还主动承担起了村里"五保老人"的代餐服务，为老人们提供必要的帮助。同时他还积极践行人情新风行动，先后加入"新村说事"劝导志愿服务队、人情新风理事会，积极开展人情新风劝导活动。在村民们的共同努力下,雪二村红事新办、白事简办、大事小办、小事不办逐渐成为常态,有效减轻了每一个家庭的人情负担。

听好人故事

做瓷先做人　立艺先立信

　　钟振华出生在江西省鄱阳湖畔一个偏远的渔村，那是一个非常美丽的地方。春天的油菜花黄，夏天的满塘莲香，秋日里秋稻金黄，冬季在冰上捕鱼。这些场景，后来都成了他在艺术创作中的元素和题材。

　　钟振华8岁时随家人迁居至景德镇。长大后，他被陶瓷艺术深深吸引，从此与瓷结缘。因为初学，作品不被社会认可，也没有名气，再加上瓷胎成本很高，于是钟振华白天到中学去教授美术课，晚上到瓷器作坊打工，不计报酬，周末到兴趣班兼职。这样既解决了生计问题，又提高了绘画水平，靠着不折不挠的勇气和坚定执着的信念一路走来。

2001年10月，第二届中国工艺美术精品博览会在杭州举办。钟振华的半刀泥刻花陶艺"绿荫"获得金奖，他成为当时最年轻的金奖获得者，一举成名。

接下来的10多年，钟振华在陶瓷技艺上刻苦钻研，在继承传统刻花工艺基础上，将原有的手工刀刻工具进行改良，破解工具密码，提出将"刀形形外，以线托形"的装饰手法与现代装饰相结合，采取斗彩形式，赋予半刀泥制花工艺更强的时代感与生命力。他所创作的一系列半刀泥作品"鸣秋""清妍""荷韵""闲花落地听无声""春韵""富贵和谐"等10余件作品皆获头魁，用实力赢得了业内外的广泛认可。

钟振华的半刀泥陶艺作品"春江水暖"于2016年被人民大会堂福建厅永久性收藏，于2018年被美国内华达州自然与文化博物馆收藏。

2010年6月，钟振华独创的"半刀泥刻花装饰"技法，被江西省文化厅命名为省级非物质文化遗产，他也被认定为非物质文化遗产代表性传承人，这是对景德镇乃至中国陶瓷的一大贡献。他成功组织举办了"中国书画与瓷器艺术"论坛，提出"瓷画"理念。他在学术上颇有建树，共出版著作5部，完成国家级课题2项，创作的作品有2件获国家专利。

钟振华在2014年被江西省人社厅评定为"教授级工艺美术师"，成为全国工艺美术行业最年轻的正高职称获得者。2015年12月，他入选了"彩虹人生——奋斗的青春最美丽"全国青年报

诚实守信

告团。由于钟振华在工艺美术事业中做出的突出贡献，2016年，他被中国工艺美术协会授予"中国工美行业艺术大师"荣誉称号，成为我国最年轻的国家大师。

钟振华几十年孜孜不倦地在工艺美术陶瓷行业潜心钻研，使景德镇"半刀泥"雕刻艺术作品蜚声中外、大放异彩。取得这些成就，对于钟振华本人来说，唯以"诚信"二字为根，才能使作品经得住烈火的淬炼、个人才能经得住时间的雕刻，"做瓷先做人，立艺先立信"的师训他从未忘记。

钟振华始终坚持诺出必践行。1999年5月，世界园艺博览会在昆明举办，年仅21岁的钟振华被派往"江西瓷园"担任现场绘瓷表演的任务。一天，时任日本外务大臣瓦力参观瓷园，提出希望能够带一块画有樱花图案的瓷盘回日本作纪念。在同事们都在犯难的时候，钟振华自告奋勇承担下这个任务。他到世博园日本馆樱花写生，连续创作三个通宵后，终于制作好瓷盘。当瓦力看到瓷盘后，为他精湛的绘瓷工艺震惊。瓦力深有感触地说，自己小时候就住在富士山脚下，推开窗就是这个场景，这个瓷盘让他回忆起家乡和许多童年往事。他深深地对面前这位年轻的陶艺工作者鞠了一躬，然后说道，本来和云南省政府有个合作项目还在犹豫，现在他决定代表日本政府即刻签约，因为中国人敢为人先、精益求精的态度感动了他。

钟振华没想到一块小小的瓷盘能起到这么大的作用，更加坚定了他在陶瓷道路上勇往直前的信心决心。正是因为在云南的经历，2010年的上海世博会钟振华再一次受邀担任陶瓷技艺表演嘉宾，他将中国陶瓷文化完美地展示在世界嘉宾面前，非常出色地完成了文化交流的任务。后来，钟振华又成功策划组织了17国驻华大使子女陶艺文化之旅等活动，以瓷为媒，让外国友人更好地了解博大精深的中华文化。

钟振华始终坚持一诚贯始终。2003年，一上海客户预定了钟振华50根陶瓷作品，双方说好分2年拿清。在取走30根之后，对方毫无音讯。到2014年，对方突然联系钟振华，并商量余下的作品随便他给多少。钟振华在其作品价格已上涨6倍的市场情况下，依然将20根作品补齐。客户希望加钱表示感谢时，钟振华却说："您10年前这么信任我，在没有看到现货的情况下将全款提前付

给我,这是对我莫大的信任和支持。虽然现在的作品的确比原来更花时间也更完美,但正是因为您的信任我才更加坚定从艺之路,才能以更负责任的态度去对待每一件作品,所以真正要说谢谢的是我,您今天来了,压在我心里多年的石头也终于落地了。"

其实这样的故事还有很多。2013年,一位张姓陶瓷爱好者看中钟振华正在创作并即将参评全国美展的一件半成品,只付了一半订金。作品在获全国金奖后,现场一位收藏家出了高出几倍的价格,钟振华在征得张先生同意重画一件的情况下销售。当作品画好后,扣除原款,他将多于当时几倍的销售款转与张先生本人。

10多年来,在自身条件改善之后,钟振华怀揣感恩之心,尽己所能回报社会。他开设工作室无偿传授画瓷技艺,累计为社会培养人才1000多人,影响带动了100多名青年成功创业。他热心公益事业,积极帮扶贫困群众,累计捐款捐物100余万元。在景德镇市青少年校外活动中心陶艺处工作期间,他非常注重传承陶瓷传统文化。每次在教青少年画瓷之前,钟振华都要开设陶瓷文化专题讲座,引导青少年理解陶瓷承载的传统文化精神,不断增强青少年的文化自信。本来规定授课时间为周六周日不超过9小时,但由于很多人是从周边地区慕名而来，他经常是从早上开始一直教到深夜。钟振华的颈椎、腰椎本就不好，这样一来就得承受更大的痛苦，但他都强忍着坚持下来。他还为景德镇劳教所服刑人员担任老师，教他们鉴赏陶瓷、绘画陶瓷，不少人出狱后从事陶瓷经营、陶瓷绘画，找到了努力奋斗的目标。

钟振华始终坚持立信跨国界。2018年，钟振华组织20余位青年陶艺家赴新马泰三国开展陶瓷文化推广活动，并将作品义拍所得款项全部捐赠马来西亚华文学校。钟振华和某企业商量各承担一半费用资助10名马来西亚学生来中国参加为期7天的文化研学之旅，但活动前该企业因资金问题临时退出，马来西亚方面找到钟振华说明情况，他当即表示愿意个人承担所有费用，并将原先预定的7天延长至11天，为中马文化交流写下了绚丽的一笔。

多年来，钟振华被授予"全国青年岗位能手""江西省四个一批人才""江西青年五四奖章"等荣誉称号。用青春与汗水诠释工匠精神，踏实进行艺术创作，诚信质朴待人接物，钟振华在技术上不但担得起这些荣誉，在做人上也蕴含着"诚养身，信立人"的内在品格。

听好人故事

一诺千金的"举重梦"

"来来来,抓牢了,慢慢举起来!"

"稳住稳住!"

在安徽省铜陵市义安区胥坝中心学校的举重练习室里,总能听到体育教师王守文带着22名学生训练的声音。挺举、抓举,每天都不停地重复各种动作要领,每个人都汗湿了衣襟。这样的场景在暑假的每一天都会上演。虽然暑假刚刚过去,但王守文依然利用课余时间,义务帮助学生们练习。

胥坝乡,有着"举重之乡"的美誉。20世纪90年代,这里曾走出陶月强、陶玉强、马中、程昌胜等10多位全国举重冠军和省举重冠军。正是在他们的影响下,王守文苦练举重,并于1995年考入安徽省体育运动学校,成为省举重队运动员,曾获得省运动会59公斤级举重冠军。2007年8月退役后,王守文满怀着对家乡的深情和厚爱,毅然决然地放弃了留在城市的机会,回到家乡成为一名体育教师。

王守文下了决心,既然回来了,就要把自己的特长发挥出来!在担任胥坝中心小学体育教师的日子里,王守文一边按时按质完成一年级到六年级的体育课,一边留心观察三年级至五年级的举重苗子。2008年1月,经过深思熟虑后,他主动向校领导提出创建一支20余人的小学生举重队,他要发挥自己的举重专长,利用业余时间和寒暑假,义务进行培训,为"举重之乡"培育举重幼苗。

由于学校条件有限,加上家长对举重这一体育项目抱有偏见,这支举重队组建得并不顺利。学生被选中后,不但家长不同意,连学生本人也不愿意。为了得到学生和家长们的支持与配合,王守文利用晚上时间进行家访。一村又一村,一户又一户,他反反复复地向学生和家长宣传让孩子参加举重队的种种好处,同时,他郑重承诺,培训全是义务的,不收学生一分钱,并且培训时间都在课后,不耽误学生文化课的学习。就这样,他的真诚与坚持,让一位位家长打开了迟疑的心结。2008年2月,由20名小学生组成的安徽省首个"胥坝小小举重队"正式成立。

举重队建起来了,但困难又接踵而至。学校经费不足,买不起专业器材,怎么办?想到当初给孩子和家长的承诺,王守文告诉自己无论如何也不能放弃。没有杠铃,他就自己动手,用钢管来制作；没有举重深蹲架，他就买来钢材，切割、焊接、打磨，不知道熬了多少个夜晚，也不知手上划了多少道血口子，简易的器材终于可以投入使用了。

为了培养孩子们对举重的兴趣，他大量阅读有关书籍和资料，制定适宜孩子们的训练计划和科学有效的训练方法。为了不耽误孩子们的正常学习，他就把训练时间安排在下午放学之后。每次训练完，遇到恶劣天气，他还会挨个儿把孩子们送回家。对家庭生活困难的学生，王守文总是满怀爱心，想方设法帮助他们，只为自己当初的一句承诺。

每年寒暑假期间，王守文更是放弃休息，每天早晨7点就从义安城区出发，赶乘8时的过江轮渡到学校指导学生训练。在训

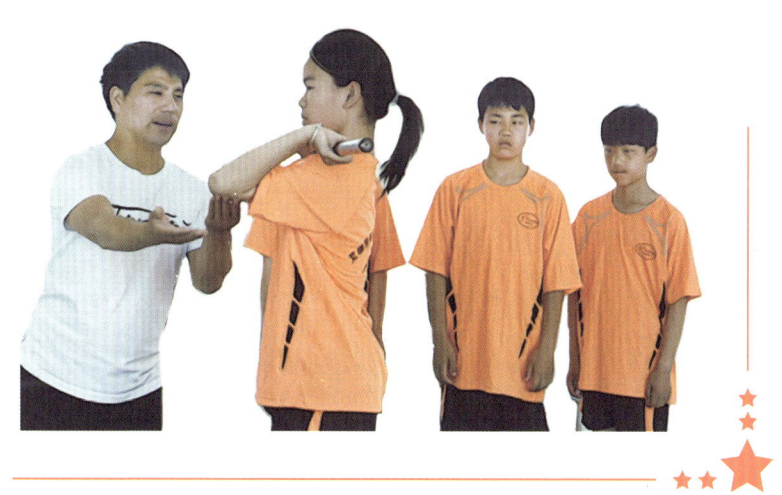

练中,他仔细观察每个队员,看着他们扎好腰带,双手擦满防滑粉,双脚微微叉开站稳,双手抓起杠铃,调整好呼吸,发力将杠铃举过头顶,随后将杠铃放下。这套完整的抓举动作,他们每天要重复几十次。王守文对动作不到位的队员会进行指导,在动作细节上一遍遍纠正。

  一旦选择,终生不悔。10多年来,为了"小小举重队",王守文无私奉献了自己6000多个小时的业余时间,先后为省、市青少年举重运动队输送50多名优秀运动员,他所输送和带队参赛的小运动员,共取得省赛20金11银10铜,全国赛1金2银的好成绩。

  在荣誉面前,王守文很淡然:"我选择在家乡农村学校当教师，无怨无悔，只要能发挥我的举重专长，托起家乡孩子的冠军梦，就是我最大的幸福。"他说，这是自己身为教师的初心，也是自己的责任。

听好人故事

诺言不老守青山　一腔痴诚护遗迹

　　秋日的河南省信阳市新县郭家河乡风光旖旎，悠悠清溪绕山而行，湾店村伴山水而居。村边山岭有众多洞穴，尽是故事；村里有个张爱华，远近闻名。

　　"红军洞"，一个传奇的名字，它是这里一座座邻山相守、隔涯相望的山洞组成的洞群的统称。当年，坚持游击战的红军战士在这里与敌人抗争，保存革命力量；老百姓腰拴大布口袋，冒死上山送粮；女烈士晏春山为保守党的秘密，纵身跳崖牺牲……

　　这里有宁死不屈的陆汉婷夫妇，雪夜寻粮摔下悬崖的肖先发……一座座山洞，凝聚着英雄浩然之气，闪烁着革命意志光芒，见证着大别山28年红旗不倒的荣耀。

诚实守信

1964年春,有"大别劲松"之誉的老红军刘名榜返乡时,殷切叮嘱:"要守护好红军洞。"张爱华含泪使劲点头,铭记于心,从此一诺成一生!

50多年来,巡山修路、祭奠英烈、保护文物、宣扬革命史,她凭着一颗丹心和一腔痴情,呵护着这精神火种与红色血脉代代相传、源源不绝。

如今,已78岁的张爱华仍然每天巡山,未曾止步,绕洞守护从不离开……

初秋的清晨,张爱华与爱人潘国章带着镰刀和毛巾前往巡山第一站——晏春山烈士纪念碑。

张爱华说,带镰刀是为英雄烈士"打扫卫生",带毛巾是为她"擦擦脸"。

1933年,40岁女共产党员晏春山不幸被捕。面对敌人灌辣椒水、钉竹签等酷刑,她始终不透露游击队的去向,最后将敌人引至远离游击队的大花台,高呼"中国共产党万岁"后跳崖牺牲。

张爱华的父亲张贤盛是铁骨铮铮的红军打旗兵,母亲黄本英是作战英勇的游击队员,张爱华对革命先烈有着深埋骨子里的敬仰。

1946年解放战争时期,中原部队主力胜利突围后,留下坚持斗争的刘名榜、肖先发、邱进敏等人,组成罗礼经光中心县委,下辖罗礼、经光两个县委。

为躲避敌军,县委机关就设在山洞里,这些山洞被百姓们称

为"红军洞",这里也是中共大别山工委纪念地。

1964年春,刘名榜故地重游,面对老部下之女感慨万千:"这里有你父辈的足迹,是烈士们安息的地方,也是历史的见证,你要保护好。"张爱华知道,报恩的机会来了。

1947年,由于父母均参加革命不在身边,有一次,7岁的张爱华被国民党反动派抓住扔到河中,被人救起后一直高烧不退,直至昏厥。再次醒来时,她已在部队医院,眼前都是戴着"五星帽"的人。那种刻骨铭心的重生感觉,张爱华永世难忘。

中华人民共和国成立后,她被送到学校。8年学生生涯,党组织为她解决了衣、食、住等诸多困难。1961年,张爱华被安排到陡山河乡小宋湾村教书,随后又调回到湾店村王湾组,期间,她

诚实守信

既当教师又当村计生干部。1963年，张爱华与同为村干部、大她4岁的潘国章结了婚。

"是党救了我的命，是党教会我做人，是党给了我一切……"张爱华始终这样认为。她要守护好"红军洞"，完成父亲临终前那句嘱托：一定要报答党的恩情。

自此，几百亩山川树木、几十个山洞遗迹、几座烈士纪念碑成了张爱华最大的牵挂。

沿着去往鸡公寨的崎岖山路艰难前行，山下，晏春山烈士纪念碑至"红军洞"有1.5公里，到晏春山烈士跳崖纪念地"烈女岩"有2.1公里。走完张爱华夫妇修整的一条数百米平坦小路，通往深处的蹊径若隐若现。

深山有泉倾流而下，即便艳阳高照，山石上薄薄青苔也会让行人打踉跄。已近八旬的张爱华依然健步如飞，当年的红军精神分明还在。

待到山腰，刻着"红军洞"三个大字的石碑赫然入眼。火红的镶字，仿佛浸透了当年那段峥嵘岁月和老人的无限忠诚。

20世纪70年代初，为了给革命遗迹"正名"，张爱华整天往县文物局和乡政府跑。终于，"红军洞"于1979年被列为新县重点文物保护单位。那几天，张爱华激动得没睡好觉。

张爱华当时是村干部，除了忙村务，一有空就把心思放在了"红军洞"。

有次巡山，她遇到一头百余斤的野猪，躲在燕子洞许久；

有年冬天，她失足跌入深水潭，幸被路过的砍柴人搭救……多年来，张爱华遇险无数，可始终不忘先辈遗志。

1981年，县文物局为她颁发了一个"红本本"——义务文物保护员证。虽没分毫报酬，但张爱华觉得肩上担子更重了。

20世纪90年代中期，一位村民想承包集体山，合同上写着"40年8万元"，山林范围包含"红军洞"。看到合同，张爱华拒不签字。承包人欲给"好处费"，张爱华竟然翻脸，对方只好作罢。

还有一次，一外地商人想开矿，将挖土机、钻探机等设备都开到了山上。张爱华与潘国章轮换着每天都去一趟，撞见他们想用炸药开山，她上前就扑在放炸药的石头上。见不怕死的她软硬不吃，商人只能放弃想法。

寒来暑往50多载，张爱华制止各种损坏革命文物旧址行为20多次。期间，有人咒她"为什么不去死"，也有人怪她"多管闲事"，她却总是笑脸相迎，因为她深知，不管别人怎么说，自己无悔于事、无悔于世。

"'保密洞'是红军开会的地方，'休闲洞'是伤员们养伤的地方，'小亮洞'是警卫站岗的地方，'穿洞'的好地势适合打游击……"在家门口的红色文化长廊里，张爱华已忘记跟多少人介绍过"红军洞"。

沧桑不改红色印记，革命火种永世相传。为让更多人了解"红军洞"，一有时间，张爱华就到郭家河乡八一希望小学为孩

诚实守信

子们讲故事。"红军钻山洞和敌人打游击""百姓冒死为红军送红苕""村民偷偷为游击队伤员打井"……老人讲得绘声绘色,孩子们围坐一起听得满脸尊崇。

2014年8月2日,张爱华的精神信仰得以升华——"红军洞"纪念碑建立。那一天,她激动得流下泪水。

"今日小雨,为了修通往红军洞的山路,男男女女们齐上阵;刚吃完早饭,几百名学生来到烈士纪念碑前敬献花圈;拉水泥的车子来回跑,路上人儿哈哈笑,今天乡村公路开工了……"数十年来,张爱华坚持写日记,她说她喜欢记录自己的人生和山乡的变迁。在另一篇日记里,张爱华写道:"这辈子几乎没有走出这个村庄和这座山,舍不得离开一天,在我的眼里这里最美……"

斑驳的日记本夹层,一直存放着几份"征集文物收据",上面记载着她和村民们向文物部门上交捐献的文物。

吴焕先的怀表,刘名榜的碗,何耀榜的酒壶,红军战士们用过的马镫子……多年来,她数不清向文物部门捐献多少文物,只知道有些陈列在新县鄂豫皖苏区首府革命纪念馆,有些珍藏在河南省国防教育基地展馆。

新县境内现存有360余处革命遗址遗迹,正因有了众多像张爱华这样的人,革命火种才得以留存,大别山精神才能源远流长。

听好人故事

"天价包子"包着良心馅

2018年4月2日,何刘竹在河南省郑州市商都路和十里铺街交叉口的汴梁大汤包店和往常一样正常营业。当天,一名叫"*宏伟"的顾客通过支付宝一下转了147258元,随后这位顾客一直没有现身。

事情发生后,何刘竹专门调取了4月2日的监控录像,可是下午5点多正是销售高峰,有很多顾客买包子,实在辨别不出哪一个人是"*宏伟"。

本以为如此大额的错误支出很快会被那位顾客发现并追回,但没想到一个多月过去了顾客也没发现,何刘竹揣着巨款心里很是不安,于是他拨打了郑州一家电视台的热线电话,希望媒体帮忙寻找食客，把钱归还给他。

此事经河南媒体报道后，引起社会广泛关注，有的网友为包子店诚信经营点赞，但也有的网友认为包子店是故意炒作。为了尽快找到这位误付款、姓名后两位为"宏伟"的顾客，并证明自己清白，何刘竹又报了警。

功夫不负有心人。在多方努力下，2018年5月8日下午1点30分左右，何刘竹接到了支付宝客服打来的电话，"*宏伟"终于和何刘竹取得联系。次日，在郑州公安的见证下，何刘竹终于将这笔烫手的误转巨款完璧归赵。

诚实守信

这位顾客叫韩宏伟,他在回想起此事时心中也充满了后怕。当天,韩宏伟买了2个包子本该付款3块钱,可孩子一直在旁吵闹,于是他在输入金额时错将密码输入了2次。由于没有短信提示且钱是在余额宝里放着的,支付后没有短信提示,支付宝余额也没有异常变化,韩宏伟一直没注意到此事。直到支付宝客服给他打电话,再三确认后,他才确信是自己把密码输成了付款额。

何刘竹能如此做,与良好的家风密不可分。何刘竹出生于安徽省安庆市怀宁县江镇镇上丰村石塘组一个农民家庭。何刘竹的曾祖父何世来,25岁在歙县贫民团担任联络员时,不幸壮烈牺牲。何刘竹的祖父何承焰,继承了何世来传下来的革命传统,1950年作为志愿军战士奔赴抗美援朝的战场。为了让子孙后代牢记这个家庭"为了革命事业勇于牺牲"的红色好家风,何承焰将儿子取名为何大红。何大红正是何刘竹的父亲。何大红成长在父祖辈艰苦斗争换来的和平年代,但是他一直没有忘记烈士后代这个既光荣又有责任的身份。年轻时,何大红一直在乡里做手艺,因为其为人正直,诚实守信,生意总是忙不过来。

在这样的家庭出生,在这样的家庭成长,何刘竹顺理成章地继承了好家风。平时,哪家有体力活需要帮忙,哪家有急事需要用车,何刘竹总是积极响应。石塘组周边群众,无不对这个年轻的小伙子赞不绝口。

现在,何刘竹包子店附近的顾客都知道了此事,纷纷为这位

安徽小伙子点赞。因为诚信,现在包子店的生意也比过去好了不少。此事在网络上广为传播后,人们都知道了有这样一个安徽人,在他乡以诚信传播了正能量。

"我17岁开始在江苏无锡学做包子,2012年去了北京自己开店,两年前来到河南郑州,现在每天凌晨2点多起床和面做包子,一直忙到临近中午,挣钱虽然辛苦,但如果不是自己的,一分钱都不能要!"何刘竹说,"诚信是金,做生意靠的就是诚信。"

听好人故事

绣针上的信诺

沈根甫是土生土长的江西吉安永新县人,从小听着革命故事长大,吸收天然的红色文化养分。1966年,沈根甫刚满18岁,便义无反顾地参军入伍,成为原福州军区十八分部汽车二团的一名新兵。

那时,同为永新人的龙飞虎将军到团里看望永新籍新兵时,语重心长地对他们说:"孩子们,你们来自革命老区永新,一定要在部队好好学习,立足本职,把各项工作做好,发扬革命老区的精神,把红色基因传承下去。"年轻的沈根甫把龙飞虎将军的话铭记于心,他坚定地回答道:"我们一定会把革命精神、红色基因传递下去。"

在军中，沈根甫的毛主席像刺绣作品曾得到司令员和龙飞虎将军的高度赞扬。

1968年，沈根甫在修车的时候，车子的轴承由于松动突然砸向他的腰部，导致他受到严重创伤、无法直立，离开了部队。

当兵的岁月已逝去，用刺绣传承红色基因却成了沈根甫一生坚守的事业。小小的绣花针，沈根甫一拿就是50年。

看似简单的刺绣，要经过画像（写字）、印画（字）、固定、选色等众多程序，需要足够的耐心。因为腰伤，沈根甫平时躺着、站着都难受，但是只要他拿起绣花针，就能坚持坐几个小时。他弓着腰，戴着高度老花镜，精心地把五颜六色的彩线一针一线绣在棉布上，完成了一幅幅精美传神的作品。由于他的毅力和专注，刺绣作品中也饱含着他对祖国、对革命的热爱之情。

诚实守信
CHENGSHI-SHOUXIN

除了刺绣毛主席像、"我爱祖国"字样等，沈根甫还绣雷锋像。当他将20多幅刺绣好的雷锋作品送至雷锋班时，永新老红军后代何继明将军感慨地说："我是站在三尺讲台用理论传承三湾改编精神，他是用彩线银针绣就三湾军魂！让我们携手同行，一起来弘扬红色革命精神。"

除了是一名优秀的刺绣老兵，沈根甫还有着多重"身份"：雷锋生前所在团的雷锋精神宣传员，辽宁省抚顺市雷锋小学传承三湾改编、井冈山斗争精神宣传员。一场场红色文化宣讲让他乐在其中，他通过红色文化专题讲座形式弘扬革命精神，让更多的人更直观了解红色文化。

在家乡，他多次受邀到各中小学宣讲红色文化和雷锋精神，对学生进行革命传统教育；每年8月，他都要跟永新新兵宣讲革命精神，让他们传承红色基因。在深圳宝安的青少年训练基地，他受邀为青少年讲述红军长征和雷锋的故事。在近2000公里外的沈阳，他受邀来到雷锋生前所在团参观讲课，被聘请为"雷锋精神宣传员"。

　　从沈阳到深圳纵横南北几千公里，都是沈根甫带着自己的作品孤身前往。如今，沈根甫的作品已经进入全国18个省市。腰伤在身，长途跋涉，对于一个年过古稀的老人来说，可想而知有多难。是什么在支撑他？是他那心中的信念："作为一名老兵，年龄虽大，但是思想不能老。再苦再难，我也要坚持兑现自己的诺言，把三湾改编革命精神和雷锋精神传承下去。"

听好人故事

以诚信报仁心

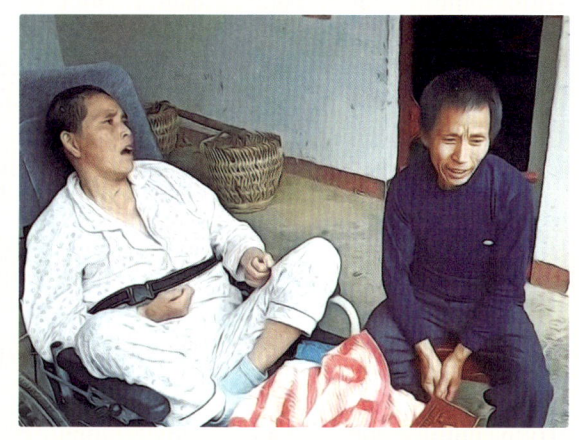

向胜元,湖北省恩施土家族苗族自治州宣恩县沙道沟镇咸池村人。2017年7月21日,向胜元的妻子张玉珍从镇上赶集回家时,被一辆飞驰而过的皮卡车撞倒在地。张玉珍倒在地上,口鼻都渗出鲜血。向胜元每次回忆当时的情景,仍心有余悸。

经过10天治疗,张玉珍仍然昏迷。随后,向胜元一家将张玉珍转诊至恩施州中心医院。入院后,她被诊断为严重颅内损伤,全身多处骨折,肺部挫伤,生命垂危。根据病情,张玉珍必须立即进入重症监护室治疗。

向胜元拒绝了邻居放弃治疗的建议。就是砸锅卖铁,他也要挽救妻子的生命。

张玉珍的车祸判对方全责，事故赔偿金却一时半会儿到不了位。眼看住院费用一拖再拖，向胜元心里着急，他四处筹借了2万多元，但仍是杯水车薪。

向胜元一家原本靠务农和打小工为生。几年前，向胜元的儿媳徐明秀在家做饭时脚被严重烫伤，治疗花了6万元，还欠下外债。

屋漏偏遭连夜雨。眼看儿媳治疗的费用快还清了，向胜元90岁高龄的母亲又被小车撞伤，虽然伤情不重，但家人也照顾了4个多月。

张玉珍发生车祸后，儿子儿媳从广东赶回恩施，向胜元也辞去工作，一家人轮流照顾张玉珍。为方便照顾，向胜元在城里租了一间房，一家三口挤在出租屋内省吃俭用。

张玉珍在重症监护室治疗期间，因为无法进食，只能打营养液，一瓶就要80多元。再加上成人纸尿裤、护理垫等开销，每天需要150元左右。算上治疗费用，每天至少过千元。这样的开销对于向胜元这样的

诚实守信

家庭是极大的压力。

眼见拖欠的费用越来越多,向胜元找到州中心医院重症医学科主任田仁富,把家庭经济的窘况一五一十交了底。田仁富一边安慰一边将张玉珍的情况上报给医院领导。虽然张玉珍伤势严重,治疗费用数额大,且欠款很可能无法归还,医院还是作出了"先救人"的决定,给向胜元吃了"定心丸"。

经过半年精心治疗,张玉珍出院了。向胜元很欣慰。自那时起,他时刻惦记着拖欠的32万元治疗费。钱一天不还,他心里就不踏实。

"肇事方的赔偿款已到账,我们尽快来医院结清医疗费用。感谢医护人员和领导,在我妻子出车祸后没钱缴费的紧急情况下,救了她的命。现在她恢复得非常好。"2019年5月31日,田仁富接到向胜元的电话。对方时隔两年主动还款的行为,让田大夫既意外又感动。

2019年6月3日一大早,向胜元特地带着妻儿来到恩施州中心医院,当面归还32万元医疗费。

"医院那么信任我们,我们要讲诚信,不能辜负他们。"向胜元说。

10天后,恩施州中心医院医护人员来到向胜元家,看望慰问张玉珍。病床边,田仁富仔细检查张玉珍病情的恢复情况,嘱咐了日常护理的注意事项后,婉言谢绝了向家挽留吃饭的盛情。

临行前,向胜元这位朴实的土家汉子,紧紧握着田仁富的

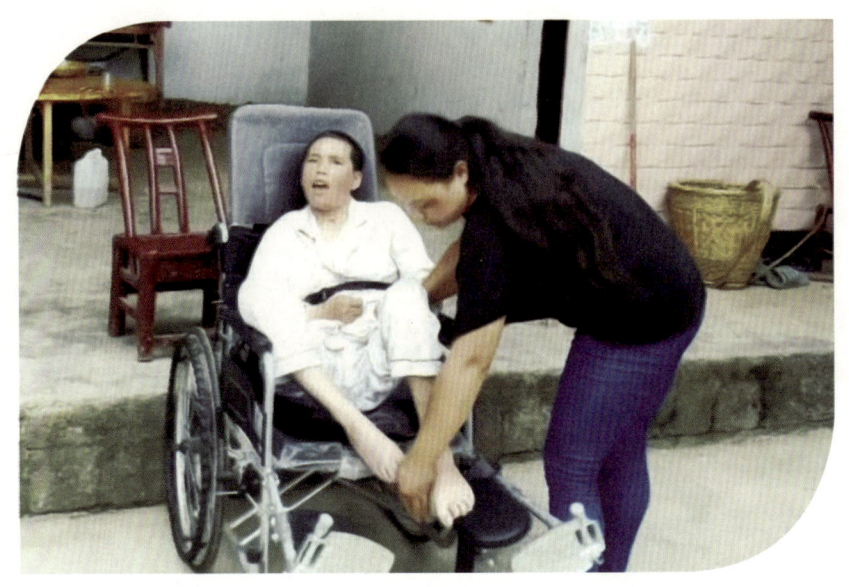

手,一度哽咽。

"医生的职责就是治病救人,向家的还款举动让我们感觉到做医生的价值,也印证了守信用、重承诺的社会正能量正深入人心。"田仁富医生说。

"别人帮你一分,你必须信守承诺,还别人十分,这样来做。"受父亲向胜元的言传身教,诚信的种子也在儿子向万益身上扎了根。

2015年,向万益的妻子徐明秀因烫伤住院,家里不得不四处借钱。邻居唐吉胜就是当时他们家的债主之一:"老向,这1万元你先拿去,什么时候有什么时候还。"

"你放心,只要有钱了我第一时间给你还来。"拿着1万元现金，向万益对唐吉胜郑重承诺。

经过治疗，徐明秀出了院。"现在明秀出院了，借这么多钱，我们还是要想法尽快给别人还上。"向胜元语重心长地叮嘱向万益。

从那时起，父子俩只要手里一有钱便给邻居们一家一家地还。2016年，父子俩终于将家里所欠的外债基本还清。

做人就是要懂得感恩。这是向胜元一直用来教育孩子的话。

听好人故事

让爱心与善意不被辜负

  2017年9月3日是东北石油大学开学的日子，地球科学学院大学生辅导员赵瑛杰正忙着迎接新生，此时噩运却悄悄降临在了她5岁的女儿身上。

  当天中午，赵瑛杰的女儿小星星（化名）上了暑假后的第一堂舞蹈课。课后，她的腿软得像面条一样，哭着跟爸爸喊疼，严重到无法独立行走。

  由于孩子是在舞蹈房里上课，门外等候的家长并不知道究竟发生了什么，赵瑛杰是事后调取舞蹈班监控时，才真正了解到了女儿当时的遭遇。舞蹈老师要求小星星完成下腰、后桥等高难度动作，在下腰没站稳摔倒后，老师搀起小星星继续做了6次深蹲。

随后，又根据课程安排，要求孩子做了5次向前下腰和2次倒立。看到监控画面里的女儿一直在哭，走路已经无法走直线，小手不停地敲打背部，赵瑛杰心痛如绞。

4日下午，在辗转两家医院后，小星星被确诊为胸椎无骨折脱位性脊髓损伤。医生告诉赵瑛杰，这病在当地治不了，而且孩子很有可能下半身终身瘫痪。当天晚上，赵瑛杰夫妇连夜用担架把女儿抬上了火车，尽管当时女儿插着尿管，大小便不能自主，连脚趾都动不了，但赵瑛杰并没有太绝望，她总觉得，只要到了北京，医生肯定会有办法。

赴京治疗比赵瑛杰想象中更加艰难。到了北京儿童医院，医生给出的结论同样不乐观："孩子基本没有抢治的价值了，后期康复难度很大，治疗时间、效果和费用都无法预计，很多人怎么抬来就怎么抬走的，你还治不治？"

赵瑛杰含着眼泪坚定地说："我治！"

由于患者太多，医院早已没有床位，排队需要等上一两周。赵瑛杰回忆，她给医生跪了两次，哭着央求："如果没有病房我们就睡走廊，只要能让孩子用上药，住哪儿都行！"

最终，在医院的协调下，小星星住进了神经内科的重症监护室。

赵瑛杰还没来得及松口气，便遇到了另一道坎儿——女儿第一天的医药费等合计近3万元，这让积蓄不多、一直在还房贷的夫妻俩感到了巨大的压力。

赵瑛杰的第一反应是卖房，入院第二天一早，她在朋友圈发布了卖房信息，希望能尽快为女儿筹到医药费。

然而，房子卖得并不顺利，好在这时东北石油大学和大庆市青年联合会第一时间发出捐款倡议，学生还帮她联系上了一家众筹平台。

起初，赵瑛杰不想接受募捐。女儿受伤前两周，她刚给留守儿童捐了500块钱，她想，自己还没到穷困潦倒的地步，以前一直都是给别人捐款，怎么能让别人给自己钱呢？

在同事的劝说下，她勉强同意了，并在筹款时许下了这样的承诺："如果孩子病情稳定，康复有望，我一定会把善款返还给大家。"

2017年9月6日晚10点多，求助信息发出后，很快扩散开来，不仅东北石油大学成百上千的老师、学生和全国各地的校友慷慨解囊，几乎整个大庆的朋友圈都在转发捐款，仅12个小时就已筹得善款598319元。一些没来得及捐款的爱心人士，纷纷打电话，建议赵瑛杰将筹款额度提高至100万或者再次发起捐助，都被她婉拒了……

在重症监护室里，有的孩子昏迷不醒，有的哭闹不止，只有5岁的小星星躺在病房的角落里，精神状态特别不好。为了离女儿近一点儿，赵瑛杰每天守在监护室外的楼梯口，有时候偷偷溜进去，趴在玻璃上跟女儿招招手。

一周后，小星星戴着监护设备，转移到了普通病房。

诚实守信
CHENGSHI-SHOUXIN

姥姥曾经试探着问:"如果你以后不能走路了怎么办?"

小星星似乎并不知道那究竟意味着什么,撇撇嘴说:"那我就拄拐呗。"

这让赵瑛杰心里格外难受,她不敢当着孩子的面流泪,只能半夜在走廊里偷偷哭。

赵瑛杰原本已经做好了最坏的打算。幸运的是,在这期间,小星星的脚趾微微有了知觉,也许是数不清的善意创造了奇迹,孩子的康复速度超出了所有人的预期。医生每天进病房后,说得最多的一句话是:"了不起,了不起。"

一个月后,赵瑛杰返回学校工作。孩子的父亲和姥姥、姥爷在北京租房,陪孩子做康复治疗。那近60万的善款其实是可以提

现的，一家人的生活费可以从里面出，但赵瑛杰让众筹平台把钱打到了孩子在医院的账户上，这位倔强的母亲说："这笔钱是给孩子的治疗费，大人所有的花销，我们会自己想办法解决。"与此同时，她开始陆续往该账户里打钱，让这60万一直处于动态平衡中。

小星星经常问："妈妈，我到底是怎么受伤的？"坊间也有传言，称孩子受伤是因为"自身患有严重的先天性疾病"，赵瑛杰承受了很大的心理压力。

2018年9月3日上午，为女儿奔走维权的赵瑛杰，终于拿到了司法鉴定书，鉴定结果显示：被鉴定人脊髓损伤与其摔伤及练习"下腰动作"存在直接的因果关系。在拿到司法鉴定书、澄清事件真相后,她哭了一个小时。

当天下午,赵瑛杰作出了一个让人惊讶的决定,退还之前筹得的598319元善款。

众筹平台的志愿者极少遇到这种事,反复跟她确认:"你真的要在孩子还没有完全康复的情况下,全额返还吗?"

赵瑛杰丝毫没有犹豫,笃定地说:"我确定!"她的内心只有一种想法:"大家在我最艰难绝望之际的点滴关爱,我都必须时刻铭记于心、回报于行。"很快,全部善款598319元原路返还。

其实,在最初收到捐款时,赵瑛杰就曾找到东北石油大学地球科学学院的党委书记李可,想退回师生捐款,但被他劝下了。李书记感慨:"60万,对任何一个家庭而言都不是小数目,孩子还没康复,她其实是可以不必退款的。我们常说'先立德再树人',一个年轻教师在利益面前能有这样的举动,真的很难得,我们以她为荣。"

现在,除了通过诉讼维权争取赔偿金,赵瑛杰还在做兼职给孩子赚医药费。

"宝宝,我要谢谢你!你做得非常好,恢复效果超过了所有人的预期,让妈妈有底气去还钱。"听说妈妈退还捐款后,小星星笑着说:"妈妈,你做得对。"赵瑛杰偶尔会在朋友圈发小视频,公布孩子的治疗进展,她经常跟女儿说:"你要听医生和护士的话,不仅是为了你自己能重新站起来,也为了那么多关心你的人。等你康复的那一天，妈妈会牵着你的手，去感谢那些帮助过你的人。"

女本柔弱，为母则刚。小星星的治疗之路还很漫长，未来不易，但赵瑛杰想靠自己的努力给女儿更好的生活。

赵瑛杰的所作所为获得了无数网友的纷纷点赞。她坚定地说："我相信，这一万八千名捐款人拿到退款后还会愿意把这些钱捐给更需要的人。"

听好人故事

不变的不只价格 还有承诺与初心

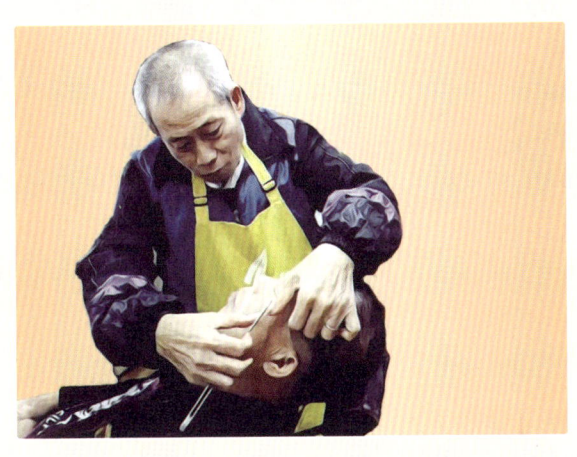

20世纪90年代,大米8角钱一斤、理发5元一次、衣服20元一套……随着经济的飞速发展,如今的社会消费水平已大幅提高。广东中山却有一位名为林以忠的老匠人,坚守初心30余载,将5元理发的价格一直延续到今天。

在中山市石岐区太平老街,顺着一条窄窄的巷口走进去,就会看到一家名为"忠记理发店"的铺子。这是一间很小的理发店。一个简单的理发招牌,一张古董式理发椅,一排老式工具,几个等候的座椅就是全部摆设。店里还有拿着号码牌等候的顾客,以及64岁的理发师傅林以忠。

位于石岐区太平路太平里9号的"忠记理发店"坚持每天开门

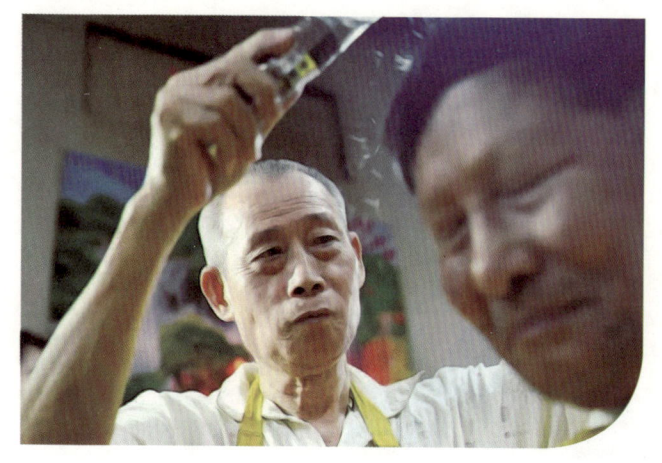

迎客，营业时间从早上8点到下午6点，即使是下雨天也从不缺席，街坊们亲切地将其称呼为"忠记"。从1986年开店至今，林以忠已经服务街坊30多年。

老店里有一张充满年代感的椅子，是"镇店之宝"。它涂着黄漆，如今已经斑驳，唯有脚座被蹬磨得锃亮。据林以忠介绍，这把椅子是他20世纪90年代花了120元"重金"，从一位80多岁的理发老师傅那里"淘"来的。

每次刮面前，林以忠总要先用酒精灯对一把"古董"折叠式刮胡刀的刀片进行消毒，然后用肥皂水对顾客脸部稍做护理，再用刮胡刀进行刮脸。他力争用最细致周到的服务，让每一位顾客都感到舒服、满意。

很多街坊家中有婴儿满月，都会请林以忠上门理发。除此之外，他还会为行动不便的老人提供上门理发服务。20世纪90年代，林以忠曾在敬老院义务理发，由于手艺娴熟，每天最多可以给100多人理发。

诚实守信
CHENGSHI-SHOUXIN

林以忠最初学习理发源自在广州军区生产建设兵团的经历。当时军区每年接收超过10000名知青，后勤保障供应不足，理发也成了问题，经常几百号人排队等候理发。

林以忠就到集市上买了工具，自学理发。1986年，他返乡创办"忠记理发店"，用自己的手艺服务社区邻里。

"忠记理发店"的定价也从最初的3毛钱，随着物价的提升逐步上涨，20世纪90年代提高到5块钱。从那以后，20多年来再未涨价，男女老少，理发一律5元，被街坊称为"五元理发店"。

林以忠说："5元是很便宜，但只要客人多，自己勤快些，生活是没问题的。每天能和客人们聊聊天，也开心。"

街坊邻居和妻子女儿有时忍不住劝说，5元理发怎么能养家糊

口呢？林以忠却坚持认为，物价虽然高了，但是还有不少老街坊收入并不高。自己靠着理发手艺，能够帮助别人就尽力帮，让大家"能省就省"，不必太过斤斤计较，一天多剪几个，就好了。如此说来，"5元"是林以忠对街坊的一个承诺。

除了过年休息三天，忠记理发店其余时间基本不打烊，是老街坊心中靠谱的理发店。2018年春节，由于妻子软硬兼施，林以忠终于破天荒地休息了六天，大年初七正式开工。没上班的那几天，林以忠睡觉时辗转反侧，总觉得有什么事情忘记做了。

60多岁的林以忠见证了中山从一穷二白到跨越发展的历程，而"忠记理发店"也用20多年不变的价格见证了林以忠的一份承诺和不变的初心。

听好人故事

难忘约定　谱写一生"母女"情

"妈,快来打扮一下,马上照相了。"袁玉兰拉着袁和菊的手,揽着她的腰,向亮敞一点的屋外走去,扶她坐在木椅上。袁玉兰掏出梳子,一只手摩挲着袁和菊的头,一只手梳理老人花白的头发。时光仿佛静止在此刻,定格了这一幅动人的画面。

66岁的袁玉兰额头爬满皱纹,两鬓已经斑白,但眼里尽是爱意。90岁的袁和菊面色红润,一脸祥和,安详的目光中透出她对生活的满足。

不知情的人定以为他们是亲母女。实际上,两人毫无血缘关系。把她们紧紧联系在一起的,是无言的大爱……

20世纪70年代,重庆市忠县石宝镇百安公社晨溪大队,袁玉兰和张宜军经媒人介绍确立了恋爱关系。袁玉兰家住晨溪大队1组，张宜军家住晨溪大队6组，两家距离仅需步行20来分钟。加上两人是小学同窗，他们对彼此的家庭情况都十分了解。

彼时，袁玉兰家有兄弟姐妹6人，她排行老大，父母均健在。而张宜军家只有他和母亲袁和菊相依为命。他本来有个妹妹，几岁就夭折了。两人一起读小学的时候，张宜军的父亲也去世了。正因为从小经历过亲人离别，袁玉兰和张宜军都非常珍惜这段感情，两颗年轻的心也认定了彼此。

1975年，20岁的张宜军应征入伍。善解人意的袁玉兰虽心有不舍，但还是给予了鼓励和支持。张宜军放心不下自己的母亲，袁玉兰宽慰他，自己一定像对待亲生母亲一样照顾好老人。

临行之前，两人还许下爱的誓言：退伍荣归之时，就是两人结婚成家之日。

张宜军在部队表现优秀，很快当上副班长、班长。4年间，袁玉兰和张宜军虽然没有机会见面，但依靠书信传递着彼此真心，一起期待着美好未来。然而，天有不测风云。1979年2月18日，张宜军在边境自卫反击战中不幸壮烈牺牲。消息传回后，袁玉兰和袁和菊心痛欲裂、几近崩溃。

"你为国捐躯，我代你尽孝！"站在未婚夫的墓前，袁玉兰暗自起誓。她不顾家人的反对和周围的闲言碎语，毅然搬到张宜军家，认袁和菊为"妈"，代未婚夫尽孝。随着袁玉兰主动上门"认亲"，袁和菊突然多了个"亲女儿"。袁玉兰说："她的一生太苦，

诚实守信
CHENGSHI-SHOUXIN

年轻时丧女、丧夫。本来到了该享福的时候,儿子却牺牲了。"

袁玉兰从小目睹袁和菊带着张宜军艰难度日,却从没被困难打垮,心里十分敬佩。在和张宜军恋爱时,她与袁和菊已逐渐建立起了深厚的"婆媳之情"。袁玉兰搬去和袁和菊一起居住,可以让饱经磨难的老人找到心灵的慰藉,同时也可以更好照料她的生活。

可以想象,两个女人组成的"家",面对的将是怎样的困难。而这时,袁玉兰已经26岁了。

"给玉兰找个好婆家吧,不能把她的青春耽误了!"不久后,张宜军的舅舅主动提出这个想法。

"我要是嫁人了,妈怎么办呢?她一个人过不下去的。"袁玉兰一开始极力反对。

后来在大家的劝说下,她提出一个条件:带着袁和菊一起出嫁。这样的条件几乎没有男青年愿意接受，但家住万州武陵镇的彭国政却欣然同意了。

彭国政比袁玉兰大1岁，是武陵搬运队的一名搬运工，家里还有5个弟弟妹妹。张宜军的舅舅见他踏实本分，就主动为他和袁玉兰牵线做媒。听人介绍了袁玉兰的情况后，彭国政当时就认定这是一个好姑娘啊。初见袁玉兰，他就被她深深打动。

1979年10月，袁玉兰和彭国政结婚。简单的婚礼办在袁和菊家，为这个家庭带来了一丝喜气。婚后，彭国政尊重袁玉兰的决定，搬进袁家当了"上门女婿"。孩子出生后，一直叫袁和菊"奶奶"，彭国政又从"女婿"变成了"儿子"。

40多年来，无论外面的世界怎么变化，无论搬到哪里，彭国政和袁玉兰始终把袁和菊带在一起，为她筑起温暖有爱的家。

"他们两口子真是好人，换了其他人很难做到。"

"袁和菊能活到90岁，全靠他们照顾得好。"

四十多年如一日地照顾老人，袁玉兰的孝行在小镇上颇有影响，镇上的邻居都夸她是一位能信守承诺的大孝女。

虽然袁和菊身体还很硬朗，但袁玉兰生怕她累着，总是抢着把家里的活都做了。在生活艰难的岁月，袁玉兰和彭国政依靠勤劳的双手，让日子慢慢好了起来。在他们的悉心照顾下，袁和菊的身体没出现过大毛病，一直健康硬朗。

在邻居眼里，生活中的很多细节，都能看出夫妻俩对袁和菊的尊敬和关爱：袁和菊爱吃鸡蛋，袁玉兰每天早上都会给她煮一

诚实守信
CHENGSHI-SHOUXIN

个；一日三餐，不论荤素都要尽量照顾到袁和菊的口味；袁和菊怕寂寞，夫妻俩几乎没出过远门，家里始终都要留一个人守着；袁和菊爱凑热闹，夫妻俩经常陪她逛街、走亲戚……袁玉兰和彭国政的血亲，对他们的行为全都给予了理解和支持。

袁玉兰时常说，在她的心中，张宜军是保家卫国的英雄，袁和菊既是英雄的母亲，也是他们最亲的亲人。照顾亲人般的英雄母亲，是一件光荣的事。

听好人故事

诚信办企业 温暖致富路

2020年疫情期间,在湖南衡阳市蒸湘腾跃工艺厂门口,"中国好人"、董事长肖跃莲戴着口罩,拿着测温计守在厂门口,一丝不苟地对进厂员工先测体温后登记入册。而包装车间内,员工都自觉戴着口罩,相隔几个工位有序作业,紧张而忙碌。

有单做就有收入,员工宏斌很高兴。宏斌是建档立卡贫困户,入厂前以捡废品为生。现在他每月工资1800元,工厂还帮他购买了"五险",自费部分也是厂里承担。

衡阳蒸湘腾跃工艺厂是湖南省"十三五"残疾人就业省级示范基地,身患小儿麻痹症致3级肢残的董事长肖跃莲,不仅是衡阳市创业能手、劳动模范,还是"全国三八红旗手""全国就业创业先进个人""全国自强模范"。"复产复工既响应国家号召,又能解决残疾人生活问题。"小年那天,厂里提前放假,肖跃莲的员工都是满薪发放工资。她说,疫情当前,守望互助,有爱的管理才有温度。

1月上旬,广东海洽公司从湖北、河北陆续发货到腾跃工艺厂,车牌全都是"鄂"字开头,此时新型冠状病毒的消息正在网上传播,肖跃莲敏锐地感到问题的严重性,工厂员工80%都是残疾人,身体弱、抵抗力又低,万一车上带有病毒,后果不堪设想。为规避风险,肖跃莲当即作出提前放假的决定。

年前积压的订单,年后必须如期发货。2月10日腾跃工艺厂就复工了,考虑到疫情当前,先安排市场部6名员工到岗,20日

再增加5人。工厂采取多项措施进行疫情防控：一是错峰上班、分区作业；二是食堂不开餐，员工仅下午工作半天；三是工作车间勤消毒，员工每天测量体温；四是厂区设立来访人员登记制度。对于2月10日复工、工作半天的员工，按全月发放工资。对于疫情期间复工有困难的员工，按50%发放工资，社保照常缴纳。

由于受疫情影响，工厂产品库存增加，内销遇到瓶颈，外贸客户又停止下单。面对困难，肖跃莲主动出击，寻找客户、寻找网络营销等商机。不能出差，她就利用微信、电话与客户沟通，深圳三简投资有限公司对工厂进行2天考察后，达成合作协议，选用"织女莲姐"品牌，为互联网多媒体宣传造势，并签下3万件手工编织意向订单；与广州海洽公司签订2万件礼品植物油包装协议。3月5日，物流车间又新增6名残疾人复工。

肖跃莲刚从广东出差回来，又带回出口巴基斯坦花卉加工订单"长寿果"2万个。为了帮助贫困残疾人家庭解决基本生存问

诚实守信

题，她特意将订单工作安排给贫困员工居家生产，尽管没有分毫利润。

疫情之中也蕴含商机，肖跃莲在编织的工艺品内植入艾草、迷迭香等药材，将订单发给居家就业的残疾女工，工厂发出通知，要求员工在家安心工作。

在区里各级领导的关心指导和众多"衡阳群众"的帮助下，厂里100名员工全都实行居家灵活就业，利用电商平台在疫情防控特殊时期，寻找适合厂里生存和发展的机遇。

听好人故事

后记
HOUJI

  2014年9月5日,中国文明网结合开展多年的网上"我推荐我评议身边好人"活动,策划推出了《好人365》专栏,一年365天,每天讲述一位中国好人的故事,弘扬生活中的真善美。截至目前,栏目已推出2100多期,受到社会各界及广大网友的关注和好评,仅新浪微博话题阅读量已逾24.3亿。与此同时,中国文明网分别于2015年12月、2017年3月、2018年12月,编辑出版了线下同名读本《好人365故事》(青少版)第一季、第二季、第三季,面向青少年读者特别是在校中小学生宣传身边的凡人善举、平民英雄。三季15本,460多个小故事,让孩子们看到了身边很多普通人向上向善的可贵品格,感受到了当代中国在追求美好生活、实现伟大梦想征途上的情怀、境界、精神和力量。

  为进一步深化社会主义核心价值观宣传教育,引导青少年学习先进典型,我们在以往工作的基础上,继续从《好人365》栏目中精选了163个精彩故事,汇编成《好人365故事》(青少版)第四季。本季图书分为《助人为乐》《见义勇为》《诚实守信》《敬业奉献》《孝老爱亲》五册,故事真切感人,语言流畅生动,并配有大量彩色图片。每个故事都在文末添加了二维码,读者通过扫描二维码还可听故事。

习近平总书记指出："世界上最难的事情，就是怎样做人、怎样做一个好人。要做一个好人，就要有品德、有知识、有责任，要坚持品德为先。"希望这套故事书能够帮助和引导青少年朋友们学会做人、学会做一个好人；能够从身边做起、从小事做起、从现在做起，扣好人生第一粒扣子；能够学习和传承中华优秀传统美德，自觉践行社会主义核心价值观，在人生道路上走得更正、走得更远；也希望更多人能从这些故事中汲取精神营养、感悟道德力量，争当身边好人、争做时代新人，不断凝聚起实现中华民族伟大复兴中国梦的强大力量。

本书在编辑过程中得到了中宣部、中央文明办领导同志的关心和支持，各省（区、市）文明办、文明网积极参与，提供了大量素材。中国文明网承担了本套书的牵头组织协调工作，在此表示衷心感谢！